Dieter Chr. Ochs

Das Frühstück im Garten…
und weitere gereimte Ungereimtheiten

Dieter Chr. Ochs

Das Frühstück im Garten...

und weitere gereimte Ungereimtheiten

Bibliografische Information der Deutschen Nationalbibliothek:
Die Deutsche Nationalbibliothek verzeichnet diese Publikation
in der Deutschen Nationalbibliografie;
detaillierte bibliografische Daten sind im Internet über
dnb.dnb.de abrufbar.

Buchsatz und Covergestaltung: Werner Ochs
Gemälde: Dieter Chr. Ochs

Herstellung und Verlag: BoD – Books on Demand, Norderstedt

ISBN: 978-3-756-23442-4

AUTOBIOGRAFIE

Dieter Chr. Ochs, genau in der Mitte des 20. Jahrhunderts in Lauterbach/Oberhessen geboren ist über 40 Jahre im Gesundheitsdienst in leitenden Funktionen, teilweise als selbstständiger Unternehmer tätig gewesen. Er hat in neun Anthologie-Gedichtbänden mehrerer Buchverlage lyrische Texte, Aphorismen und Kurzgeschichten publiziert, dazu zwei eigene Gedichtbände mit zeit-, berufs- und sozialkritischen Texten und lyrischen Beiträgen und „Klamaukgeschichten" in Tages-, Wochen- oder Fachzeitschriften.

2013 und 2014 Herausgabe zweier Abenteuerreisebücher, die zum Inhalt eine 17000 Kilometer lange Nonstop-Tour mit einem Traktor-Bauwagen-Oldtimergespann zum Inhalt hatten. Von 1988 bis heute ungezählte Dichter- und Autorenlesungen im gesamten Bundesgebiet. Er stellt zuweilen hintergründige Texte wissentlich in Vordergründe, die aber nicht immer Abgründe sein müssen.
Außerdem war er einige Jahre Inhaber und Betreiber einer kleinen Kunstgalerie, sowie Laudator von Kunstausstellungen in öffentlichen Einrichtungen und Institutionen.
Seit etlichen Jahren hat er sich autodidaktisch neben seiner schriftstellerischen Passion der naiven Malerei in Öl und Acryl verschrieben.

Er lebt zufrieden in einem beschaulichen Hugenottendorf am Rande des Reinhardswaldes in Nordhessen mit Ehefrau, Hund und Katzen und freut sich nicht nur über Menschen, die ihm begegnen, sondern auch über Zeitgenossen, die ihm fernbleiben wollen.

Beide Gruppen halten ihn ständig in d e r Spannung, die er braucht, um neue Texte entwickeln zu können.

Sein Lebensmotto:
"Das Leben kann so schön sein, wenn man noch träumen kann!"

VORWORT

Wenn Dieter Chr. Ochs eine Geschichte schreibt, muss er nicht
lange seine Fantasie bemühen, denn die Geschichte ist längst ge-
schehen, er hat sie erlebt, die Begegnung ist gerade gewesen, die
Gespräche sind bereits geführt, die Gedanken ausgetauscht
...Alles wartet nur darauf, in Worte gefasst zu werden. Und Die-
ter Chr. Ochs lässt sich nicht lange bitten. Er formuliert, schreibt
auf, lässt manches weg, fügt vielleicht auch einmal etwas hinzu.
Der Text wächst, der sprachgewandte Autor nutzt genussvoll,
was unsere Sprache an Ausdrucksmöglichkeiten bietet und ent-
wickelt so seinen eigenen Stil. Details lässt er sprachlich aufblü-
hen, man merkt seine Freude am Formulieren. Der Leser (gene-
risches Maskulinum!) wird beim Lesen dadurch in den Verlauf
der Geschichte hineingezogen, dass er glaubt, dabei gewesen zu
sein.
Was bei den Ochs'schen Geschichten auffällt: Es sind keine Be-
gegnungen mit bedeutsamen Zeitgenossen (und Zeitgenossin-
nen – aber bitte ohne Sternchen!), sondern es sind ganz normale
Menschen (wie du und ich – hoffentlich!), die er trifft (manch-
mal begegnet er sich auch selbst), aber dass daraus erzählens-
werte Begegnungen werden, liegt sicher auch im Naturell des
Autors begründet. Wenn man so aufgeschlossen, vorurteilsfrei,
neugierig auf Menschen ist, gepaart mit einer dicken Portion
Humor, trotziger Gelassenheit bei Missgeschicken und nie ver-
sagendem Optimismus, dann braucht es nur noch der vorhin
beschriebenen sprachlichen Gewandtheit – und einer spannen-
den, anrührenden oder witzigen Geschichte steht nichts mehr
im Wege.
Aus gleichem Geist geschrieben sind seine Gedichte. Ganz be-
wusst weisen sie auf seine „Wahlverwandtschaft" mit Eugen
Roth hin. Dieter Chr. Ochs – Eugen Roth:

Wenn schon die Silbenzahl der Namen, sogar die Buchstaben-
zahl der Nachnamen gleich sind (lässt man mal die Initialen sei-
nes zweiten Vornamens weg), dann muss es eine geheime Geis-
tesbeziehung zwischen diesen beiden Autoren geben. Wenn
Dieter Chr. Ochs – im Anklang an sein großes Vorbild – seine
Gedichte mit den typischen Roth-Worten:
„Ein Mensch ..." beginnt, dann ist man als Leser gespannt, was
nun kommt. Und in der Tat: Als Verehrer der Gedichte von Eu-
gen Roth kommt man auch bei Dieter Chr. Ochs auf seine Kos-
ten. Der vorder- und auch hintergründige Humor verbindet
beide. Ochs versteht es wunderbar, die Roth'sche Denk- und
Schreibweise in seinen Gedichten zu adaptieren, ohne seine
ganz persönliche Sichtweise der Themen außer Acht zu lassen.
Als „Bruder im Geiste von Eugen Roth" kann man ihm nur Lob
und Anerkennung zollen. Dann zeigt das Buch noch Zeugnisse
seines jüngsten Hobbys, der Malerei. Dieter Chr. Ochs brauchte
keine spezielle Ausbildung, um seine „naiven" Bilder (wie er
selbst sagt) zu malen. Es sind nicht nur die meist warmen Far-
ben, sondern es sind auch die kleinen Ideen, die hinter den Mo-
tiven stehen, die gekonnt-schlichte Darstellung der Gegen-
stände, dass man sofort Zugang zu den Bildern hat, unweiger-
lich lächeln muss und die scheinbare Naivität zu durchschauen
meint.
Das Buch bitte nicht in einem Rutsch durchlesen! Man isst ja
auch eine Pralinenschachtel nicht auf einmal leer. In kleinen Ab-
schnitten gelesen, verschafft das Buch glückliche Momente, man
freundet sich gleichsam mit dem Autor an, denn dieser ver-
steckt sich nicht hinter seinen Texten, sondern vermittelt sich
selbst durch seine Texte. Mögen diese in ihrer Menschlichkeit
und Heiterkeit ansteckend wirken beim Lesen und auch nach
dem Lesen – im Leben!

Jürgen Pasche, Kassel – Rektor i.R. – Kantor - Autor

9

Anna

Dichter Nebel erstickte abrupt das Gemurmel. Grau und schmucklos waren die Wände und grau so manches Haupt. Und grau die Inhalte der Gespräche der vor sich hin Siechenden und Verzagten, die teilweise hinter vorgehaltener Hand flüsternd auf das Aufgefordertwerden zum Eintreten in den Behandlungsraum ergeben warteten.

Laut rief Nebel beim Hereinkommen in die triste Runde:

„Einen schönen guten Morgen, ohne Sorgen!"

Und erreichte tatsächlich, dass das Geraune für einen Moment abebbte und sich die trüben Blicke der umher Hockenden ihm, dem Poeten, müde zuwandten.

Das Grauen traf ihn aber heute Morgen mit geballter Wucht.

Der Tag hatte so gut und vielversprechend angefangen mit einer guten Tasse Kaffee und einem Müsli, so dass sogar die Sonne es vorzog, sich heute nicht zu verstecken.

Der Eintritt in das überheizte, stickige, bis auf einen Platz besetzte Wartezimmer kostete ihn einige Überwindung.

Die Leute, überwiegend unvollkommen Entschlafene stierten entweder geräuschlos mit orthopädischem Gesichtsausdruck ins Leere oder berichteten ungefragt dem nächsten Sitznachbarn von schlimmen, vorangegangenen Krankheiten und von aussichtslosen Behandlungen und verpfuschten Operationen.

Nicht jeder, so sinnierte Nebel, der mal einen Beinbruch, ein Rückenleiden, einen Hochdruck oder eine Darmspiegelung hinter sich gebracht hat, ist ein Arzt, doch viele halten sich dafür.

Es war immer das Gleiche.

Die ungepolsterten Stühle knarrten wie gewohnt beim Übereinanderschlagen der Beine.

Auf dem undatierten, reproduzierten, düsteren Landschaftsgemälde über der nüchternen Garderobe mit Hutablage vergnügten sich zwei dicke Stubenfliegen auf den dürren Halmen der in Öl gemalten Moorlandschaft. Die Yucca-Palme hinter der Zeitschriftenecke hatte auch schon mehr Gießwasser gesehen.

Irgendjemand hatte sich entweder eine ganze Knoblauchzehe unter die Achsel gelegt oder sich zum Frühstück ein acht Wochen altes Solei einverleibt.

Die Raumluft nahm langsam Gestalt an. Noch eine halbe Stunde bis zur Praxiseröffnung.

In der Stuhlreihe direkt unter dem geschlossenen Fenster zwischen einem glatzköpfigen Herrn, dem die Papiertaschentuchhersteller schon längst einen Orden verpasst hätten, würde ihn jemand als Verbrauchsfavoriten vorgeschlagen haben und einer schlanken, jungen Frau war ein Sitzplatz noch frei.

Der Letzte hier im Jammertal der Verzagten, Besserwisser und Darbenden. Nebel ließ sich fallen und sortierte seine Eindrücke und Gedanken.

Sein Puls ruhte wieder in ihm und seine Stirnfalten glätteten sich zusehends, sofern das bei seinem Alter noch möglich war.

Erst als er seinen Blick senkte und ruhig weiteratmen wollte, bekam er aus den Augenwinkeln heraus ein nacktes Bein, nein, zwei nackte Beine zu sehen und die Bewegungen seines Herzmuskels nahmen an Intensität zu.

Verstohlen blickte er mit aller gebotenen Vorsicht, die solch ein verstecktes Abtasten erfordert auf weitere körperliche Details seiner jugendlichen Sitznachbarin.

Sie trug einen weiten, geblümten Sommerrock.

Dazu ein grünes T-Shirt und ein Lederhalsband mit einem christlichen Kreuz.

Aber was war denn das?

An ihren Füßen steckten sehr unpassend zum übrigen modernen Outfit ein paar klobig ausschauende, schwarze Schnürschuhe mit seitlich hochgezogenen Stützlaschen.

Von beiden Knöcheln bis kurz unters Knie schlang sich enganliegend um beide Unterschenkel ein ledernes Konstrukt, rautenförmig durchbrochen, das hinten an der Wade durch eine lange Druckknopfleiste zusammengehalten wurde.

Seltsame Erscheinung!

Älter als 25 schien die Dame nicht zu sein. Eher jünger.

Er traute sich nicht, seinen Kopf zu heben, um der jungen Frau ins Gesicht zu sehen.

Zu peinlich wäre ihm sein Augenaufschlag und er würde sich ertappt fühlen, wenn sie bemerken würde, wie er ihre Beine musterte.

So verging die Zeit und Graukopf um Graukopf schlich sich in das Sprechzimmer.

Die Luft wurde dünner und reiner.

Dann endlich bekam er seinen Termin und durfte das Sprechzimmer betreten.

Er sah sich um.

Nur noch die junge Frau saß im Wartezimmer.

Bevor er die Türe schloss, bemerkte er gerade noch die feuerroten Haare der Frau, die zu einem langen Zopf gebunden waren.

Schon nach wenigen Minuten wurde er wieder verabschiedet, hielt ein Rezept in seinen Händen und … traute seinen Augen nicht, was er da sah.

Nichts!

Die Hübsche mit den Beinorthesen war verschwunden.

Sie wäre die letzte zu Behandelnde gewesen, obwohl er ja viel später als sie in die Praxis gekommen war. Ihn aber hatte die Sprechstundenhilfe vorgezogen, warum auch immer.

Nachdenklich betrat er die Straße und ging einem Café zu, um sich erst einmal wieder zu sammeln.

Er holte, bis der bestellte Kaffee kam, einen kleinen Notizblock aus seiner Hosentasche hervor und vollendete das kurze Gedicht, ein Zweizeiler, den er am Abend zuvor begonnen hatte, zu verfassen.

Eine brotlose Kunst, wie er befand, aber es machte sein Leben lebenswert und abwechslungsreich.

„Vom Schreiben leben zu müssen wäre ein hartes Brot. Lieber schreibe ich vom Leben, um daran mein tägliches Brot reiben zu können!" murmelte er leise vor sich hin.

Bei seinen Nachbarn und Freunden und der Tagespresse war er bekannt unter „Der Nebeldichter!"

Viele alltägliche Begebenheiten, deren Wichtigkeit oder Bedeutungslosigkeit den meisten Mitmenschen nicht auffiel, hielt er mit seiner besonderen Beobachtungsgabe in Worten, sprich in Gedichtform fest.

Oder auch, zwar seltener, in einer Kurzgeschichte.

Jedes Ding, jede Handlung, jeder neue Tag hatte seinen Reiz und es lohnte sich, gelegentlich darüber zu philosophieren.

Das Gewöhnliche, das Unscheinbare, die banalen Nebenschauplätze des Daseins waren sein schriftstellerisches Metier.

Und besonders die leisen Töne in dieser laut gewordenen Welt.

Er stockte.

Schräg vor ihm, einen Tisch weiter setzte sich die verloren geglaubte Frau mit den ledernen Beinschienen und den feuerroten

Haaren auf einen freien Kaffeehausstuhl und blickte freundlich zu ihm herüber.

Überrascht nickte er zögerlich zurück und beider Augenpaare verharrten einen Augenblick abschätzend ineinander.

Er fasste seinen Mut zusammen und sprach sie mit leiser Stimme an: "Würden Sie bitte, mein Fräulein mit einem alten Mann und Stadtpoeten einen Tisch teilen?"

„Es würde mich sehr freuen und der Kaffee schmeckt dann sicher doppelt so gut!"

Mit einer Leichtigkeit, die Nebel der Frau gar nicht zugetraut hätte, erhob sie sich und nach drei gehumpelten, kurzen Schritten ließ sie sich ihm vis a vis in einen Stuhl sinken.

„Anna", sagte sie mit einer melodischen, angenehmen Stimme und streckte ihm ihre Hand entgegen.

„Nebel, Franz Nebel" erwiderte er.

„Ich hätte mich sehr gerne mit Ihnen schon in der Facharztpraxis unterhalten", meinte sie.

„Aber da waren einfach zu viele Leute dort. Ich habe aber Ihre fragenden Blicke bemerkt, als Sie sich meine Beine betrachteten und geschwiegen haben."

„Aber jetzt kann ich offen reden."

Eine unerklärbare Aura umgab diese lebensfrohe, junge Frau.

„Sie haben sich sicher Gedanken gemacht, was es mit meinen Beinschienen auf sich hat", hub sie zu sprechen an.

„Ich will Ihre Neugier nicht länger auf die Folter spannen und ..."

„Interesse, Interesse, Fräulein, keine Neugier!" meinte Nebel entschuldigend.

Und die Rothaarige erzählte.

„Das ist mein letztes Semester hier an der UNI."

„Ich wollte eigentlich Ärztin werden, Landärztin."

„Doch durch meine genetisch bedingte Erkrankung, die ich seit meiner Geburt habe, muss ich das Studium leider abbrechen."

„Ich bin zwar erst 22, aber das Gehen und Stehen wird mir langsam zur Qual wegen meiner Gliedergürteldystrophie."

„Nur etwa 20 Personen von einer Million Menschen ereilt dieses unabwendbare Schicksal."

„In wenigen Jahren werde ich permanent in einem Rollstuhl sitzen und muss mich zuvor um ein anderes Betätigungsfeld kümmern, das meiner Einschränkung gerecht wird."

„Ich will nicht hadern. Das Leben kann so schön sein, wenn man noch träumen kann!"

„Als ich jünger war, war ich stets bemüht, meine Beine und die Orthesen unter langen Hosen zu verstecken."

„Heute zeige ich meine Beine, sooft es das Wetter zulässt und sehe die Gehstützen als eine Zier, ein persönliches Accessoire an, das mich besonders macht."

Nebel war erstaunt über diese Lebensbejahung bei dieser fatalen Diagnose.

„Und, und warum haben Sie sich vorhin nicht behandeln lassen und sind wieder gegangen?" wollte Nebel wissen.

„Tja, die Praxis habe ich deshalb fluchtartig verlassen, weil ich einen fürchterlichen Spasmus ins rechte Bein bekam."

„Auch wusste ich, dass der Arzt bei mir mit seinem Latein schon lange am Ende war und ich eh nur zur Kontrolle kommen sollte."

"Hmmh!" gab Nebel zurück.

„Haben Sie schon einmal in eine Zitrone gebissen?" wollte die junge Frau jetzt wissen.

Nebel war noch ganz bei dem eben Gehörten und antwortete nur zögerlich: „Eigentlich nicht! Warum fragen Sie?"

„Das ist meine persönliche Metapher, lieber Herr Poet."

„Meine Zitrone ist bittersüß und wohlschmeckend."

„Wenn ich sie nicht mögen würde, wie könnte ich mein weiteres Leben positiv gestalten?"

„Also beiße ich beherzt hinein und freue mich auf jeden neuen Tag, der mich weiterbringt."

„Auch wenn es mir manchmal schwerfällt, wenn man sein einziges Leben, das man hat, ständig umkrempeln muss, um irgendwie überleben zu können."

„Und so wissen Sie nun, was es mit meinen Beinen und mit mir auf sich hat!"

„Ich danke Ihnen sehr, Anna, dass Sie so offen über Ihr Leben gesprochen haben."

„Sie haben mich außergewöhnlich beeindruckt!"

„Ganz sicher werde ich über unsere Begegnung einen Text oder ein Gedicht schreiben, wenn es recht ist."

Die junge Frau nickte nur kurz, trank den Rest ihres inzwischen kalt gewordenen Kaffees aus, stand auf und verließ den Poeten mit den Worten:

„Bitte denken Sie daran… zwischen Zeit und dem, was dazwischen liegt, meinen wir zu leben!"

„Ich wünsche Ihnen ein gutes Leben!" waren ihre letzten Worte.

Noch lange hing Dichter Nebel seinen Gedanken nach, bevor auch er sich erhob, um diese ungewöhnliche Begegnung zu Hause aufzuschreiben.

18

Das Frühstück im Garten

Ein Mensch hockt froh und abgeklärt
weil nichts im Leben ihn beschwert
am Frühstückstisch bleich und gelassen
fern liegt ihm jedes tumbe Prassen
Ist sparsam, rücksichtsvoll und weise
und wenn er spricht dann nur ganz leise
Die Morgensonne lacht vom Himmel
Vom Kirchturm tönt ein froh Gebimmel
Und seine Welt ist sie auch klein
und frei von Unbill, Gram und Pein
Ne Taube gurrt im Aste oben
ein Fleckchen ganz naturverwoben

Um ihn herum die Welt ist bunt
er reckt den Hals mit off'nem Mund
und schaut dem Vogel aufs Gefieder
Der Taubensteiß wippt auf und nieder
Doch eben grad schaut er mal weg
im Kaffee schwimmt ein heller Fleck
Nun ist er nicht mehr abgeklärt
springt auf und flucht weil ihn das stört

Und zieht sich in sein Haus zurück
ganz ohne Sch… und Missgeschick.
Fortan will er im Hause schmausen
verzichtet auf sein Frühstück draußen

Und die Moral von der Geschicht'
die gibt's hier nicht.

Armer Schlucker

Ein Mensch schluckt seinen Frust hinunter
auch Wut und Ärger drückt er runter
gemischt mit Zorn und Liebeskummer
er schluckt und schluckt wird immer stummer.

Der arme Mensch wird dran ersticken
und niemals mehr ein Licht erblicken.

Der Mensch frisst viel in sich hinein
gar leidvoll hart zwackt ihn die Pein
man denkt bald würde er zerplatzen
und könne ihn vom Boden kratzen.

Jedoch entgegen jeder Stauung
Der Mensch hat ordentlich Verdauung.

Das Geschenk

Ein Mensch beschließt sich, zu ertränken
will sich vor'm Abschied noch was schenken.

So denkt er nach und ganz versonnen
ist ihm dann d i e Idee gekommen.

Was soll's, denkt er und laut er spricht:
„Koch' ich zum Schluss mein Leibgericht!"

Verspeis' in Ruh' 'ne Schüssel Kohl
und sag' der Welt erst dann Lebwohl.

Er setzt sich hin und isst und isst
dass man schon sagen könnt', er frisst.

Hofft auch (das fällt ihm ein beim Trinken)
mit vollem Bauch wird er tief sinken.

Wankt aus dem Haus und geht ein Stücke
kommt näher einer hohen Brücke.

Sieht über sich den Mond, den Guten
und etwas unter sich die Fluten.

Wirft ab sein Hemd, es wird ihm warm
es gärt und treibt der Kohl im Darm.

Erblickt vor sich den nahen Tod
und auch im Leib...hat er nun Not.

Stößt sich dann ab, die "Winde" weh´n
„Lebt wohl, auf Nimmerwiedersehen!"

Doch endlich, unten angekommen
ist federleicht er fortgeschwommen.

Zum Grunde hat´s ihn nicht gezogen.
Die Luft im Bauch, die hielt ihn oben.

Und weil´s nicht tiefer ging hinunter
erschien´s ihm wie ein großes Wunder.

Er trieb zurück ans feste Land
und ist sehr feucht zurück gerannt.

Der Mensch (er hatte gute Nerven)
beschloss, sich nie mehr fort zu werfen.

Und hat, in wissendem Gedenken
nicht vor, sich nochmals zu „beschenken."

24

Der verflixte Abendsonnenstrahl

Es ist wie es ist.

Und wie es im Winter nicht sein kann und auch nicht im Herbst. Wir haben Frühsommer.

Wie schnell und wie folgenlos mischen sich die Farbtöne in den Gebirgslücken der rasch dahintreibenden Wolken über dem im letzten Herbst bis auf zwei Meter Höhe gestutzten Wildkirschbaum vor unserem makellos geputzten Fenster.

Dahinter hat der Nachbar seinen Zierrasen blitzblank geschoren und man muss schon sehr genau hinschauen, um hier und da ein keckes Gänseblümchen zu entdecken.

Das betreffende Fenster, von dem ich hier berichte, ist an der Nordwestseite unseres Hauses angelegt und genau meiner Sitzposition gegenüber und gibt meinen Blick frei auf die vorbei schwirrenden Vögel, Hummeln und Libellen, die ab und an von unseren Gartenteichen aus einem Abstecher auf die andere Seite des Hauses machen.

Die Sicht nach draußen war nicht immer so.

Im vergangenen Herbst, als wir immer öfter, schon bei einem leisen Hauch des Windes das Klatschen der weit zum Fenster hin ragenden Äste und Zweige beobachten und hören konnten und sich unser Lieblingsruheraum durch die im Laufe der Jahre durch das umher schwankende Geäst von Monat zu Monat immer schneller und weiter verdunkelte, hatten wir irgendwann diesen einen, wahrlich seinerzeit schweren Entschluss gefasst „Der Baum muss weg!"

So schön rot und prall seine kleinen bittersüßen Früchtchen uns auch im Juni gemundet hatten, hörte alsbald der „Spaß" draußen vor dem Fenster auf.

„Zu gefährlich für die Hauswand und die Fensterscheiben!"
meinte meine Frau.

Und ich ergänzte: „Es wird Zeit, dass unsere auf der großen
Fensterbank platzierten Zimmerpflanzen endlich mal das Licht
bekommen, das ihnen für ihr Wachstum zusteht."

Auch bei der jährlichen Stromabrechnung würden wir sicher be-
merken und noch sicherer darauf schließen können, dass uns
durch den Wegfall des ständig eingeschalteten Kunstlichtes
Rückgeld von unserem Stromanbieter erstattet werden würde.

Nun konnte also das Licht des Tages ungefiltert schon ein paar
Monate in den Raum dringen und wir waren es zufrieden.

Nun gut, es wird nicht die Welt sein, was wir durch unsere Er-
leuchtungsmaßnahme an Stromkosten bisher gespart haben,
aber 2-3 Flaschen Wein oder 20 Tüten Popcorn werden schon
dabei herausspringen.

Bis auf die zuvor genannte Höhe hatte ich der Wildkirsche im
nassen Herbstwind die Flügel gestutzt.

Es war ein Leichtes, mit Hilfe der Motorsäge dem etwa 30 Jahre
alten Baum zu Stamme zu rücken.

Sein kleingeschnittenes, getrocknetes Holz, für Holzschnitzer
sicher ein besonderer Werkstoff, hat uns im Frühjahr an man-
chen kühlen Frostabenden nicht nur das Herz erwärmt, sondern
auch die Füße und den fröstelnden Leib, wenn der leistungs-
starke Kamin nebenan im Wohnzimmer seine Wärme bis in
unseren Lieblingsruheraum ausstrahlte.

Endlich Tageslicht im Frühling und nicht mehr nur unendliches,
blind machendes Grün vor Augen.

Ja, das war schon eine wirkliche, wenn auch nur eine kleine Ver-
besserung unserer Lebensqualität.

Unsere gemeinsam durchdachte und vollzogene Aktion war be-
endet, das Holz in Rauch aufgegangen und viele neue

Seitentriebe zeigten sich schon wieder Anfang Februar am alten Stamm draußen vor dem makellos geputzten Fenster.

Inzwischen war es Mai geworden.

Es wird ein paar Jahre dauern, mutmaßten wir, bis mal wieder ein Rückschnitt fällig wäre.

Nun sitze ich, wie schon erwähnt, etwa vier Meter gegenüber jenem Fenster, wo sich nun die vernachlässigten Orchideen kraftvoll austreibend in voller Blütenpracht zeigten.

Freie Sicht auf eine freie Natur und einen freien Himmel.

Eine neue Freiheit!

Nun sitze ich nicht den ganzen Tag faul in meinem Sessel und fange mit dem Mund Fliegen. Nein!

Nur wenn der Abend kommt und uns unser Fernsehgerät zum Appell ruft. Pünktlich um 19 Uhr werden unsere Sprechblasen kleiner und wir verfolgen stumm, aber recht gemütlich vor dem Gerät hockend das Neueste, Schönste und Schrecklichste aus aller Welt, bevor uns die täglich gesendete Hessenschau wieder etwas mehr Spielraum zum Kommunizieren lässt. Na gut, so viel Schönes gibt es kaum zu berichten.

Hätte ich vielleicht dem Sender mal einen Hinweis auf unsere neue, freie Sicht geben können? Es gibt Wichtigeres.

Denn… ich vergaß zu erwähnen, dass meine Frau während der Sendungen nicht etwa im Raum steht, sondern ebenso sitzt wie ich. Und zwar zwei Meter abseits von mir links außen auf einem Sofa. Ihr Sofa! Defensiv!

Ich sage bewusst, ihr Sofa, denn für mich ist dieses Möbelstück tabu. Das gäbe beim Fußballspiel schon die gelbe Karte.

Dafür ist mir mein Ruhesessel heilig.

In dem nehme ich zeitweise meine Abendmahlzeiten ein, telefoniere, schreibe Gedichte, putze mir die Brillengläser, kratze mir am Kopf oder trinke genüsslich ein oder zwei Gläschen trockenen Weißwein.

Und wenn der Abend sehr lang zu werden droht, dann öffne ich die alte, längliche Keksdose, die neben mir auf einem Beistelltischchen steht und entnehme ihr teils kontrolliert die kalorienbeschwerten Köstlichkeiten, die mir auch oft schon den Fernsehabend versüßt haben, wenn das Programm nicht die erhoffte Spannung in mir erzeugen konnte, die ich mir gewünscht habe. So finde ich Entspannung auch dann, wenn mein Blick das freigeschnittene Fenster erreicht und ich meinen Gedanken vollmundig, aber fern der Filmhandlung nachgehen kann.

Wie gerne würde ich aber jetzt, im Mai, auch auf dem Sofa sitzen, das sich im rechten Winkel links von mir befindet und von wo ich den Blick nur geradeaus lenken müsste, um mir das Programm anzuschauen.

Von meiner derzeitigen Sitzposition aus gesehen, muss ich meine Augen schräg nach rechts, fast ins Abseits bugsieren, was manchmal meiner Aufmerksamkeit schadet und meinem Genick ebenso. Aber so hatte meine Frau die Anordnung der Ruhemöbel seinerzeit ausgesucht und umgesetzt und bisher war auch alles so weit in Ordnung gewesen. Ich nahm klaglos hin, wohin sie ihr Sinn fürs Einrichten des Fernsehzimmers gebracht hat. Ich hielt still, denn schlafende Hunde soll man nicht wecken, sonst passiert eher das Gegenteil von dem, was man erwartet hat. Ich bin nicht gerade offen für Veränderungen von Einrichtungsgegenständen, schon alleine wegen meines räumlichen Unvermögens bei der Orientierung.

Ich wollte mal vor Jahren mit dem Zug nach Singen zu einer meiner Autorenlesungen fahren.

Unterwegs sah ich zu meiner großen Überraschung, als der Zug mal hielt, das Bahnhofsschild von Hildesheim aufleuchten.

Da hatte ich mir aber ein echtes Eigentor geschossen und ein Platzverweis wäre jetzt fällig gewesen, wenn nicht der livrierte Platzwart, sprich Schaffner ein Einsehen mit mir gehabt hätte.

Ich bekam ungewollte Verlängerung nach meinem Fallrückzieher und fügte mich den Anordnungen des Spielmachers sehr kleinlaut und zahlte dribbelnd ein opulentes Aufgeld.

Zurück zu meiner lieben Frau und ihren unbeabsichtigten Abseitsfallen: Auch nur eine einzige, kleine, winzige Protestnote meinerseits, wenn mal wieder die Brottrommel, die Frühstücksbrettchen oder der Wohnzimmerschrank eine andere Position bekommen und mich zur Verzweiflung gebracht hat, wischt sie generös und gestenreich, sowie wortgewaltig weg mit den Worten: „Es muss doch auch mal was verändert werden dürfen, oder?" Sie kennt meine Standpunkte zwar schon „erst" seit 46 Jahren, aber auch ich habe mich schon dabei ertappt, dass ich ihre bedeutsamen oder auch unbedeutenden Unzulänglichkeiten ignoriere. So haben wir uns beide nichts vorzuwerfen und der Hausfrieden bleibt gewahrt, sofern ich mich kleinlaut meiner „Einrichtungsvirtuosin" füge und mich an die Umstellungen gewöhne, so gut es eben geht. Sie meint es ja so gut, sage ich mir und denke aber dabei abschweifend eher an den Rasen vor und hinterm Haus, der es wieder einmal nötig hätte, gemäht zu werden oder an meine zur Neige gehenden Zahnreinigungstabletten. Man will ja nicht unhöflich sein und die Gedanken sind frei. Nun bin ich aber durch meinen überepischen Erzählstil ganz von meinem eigentlichen Ansinnen abgekommen, dieser wahren Geschichte den Inhalt zu geben, der es verdient, aufgeschrieben zu werden. Das geht am besten in meinem Ruhesessel. Von unseren Fensterrollos habe ich noch nichts berichtet? Also, wie jedes in bester Absicht der Handwerker gebautes Haus hat auch unser Fernsehzimmerfenster ein Außenrollo. Und nicht genug damit.

Auch ein Innenrollo musste es letzten Herbst auch noch sein. Und zwar in einem garstig grellgrünen Lamellengebilde aus Kunststoff.

Fast ist man erinnert an den Versuch einer innovativen schwedischen Haftanstalt, den hinter schwedischen Gardinen Inhaftierten durch grün angestrichene Gitterstäbe eine Freiheit vorzugaukeln, die es nicht gibt. Es lebe der Humanismus!

Auch in unserer Häuslichkeit! Unser flächiges Kunststoffgebilde hat aber einen entscheidenden Vorteil gegenüber des schweren Außenrollos: Es lässt sich viel leichter hoch und runterziehen als das sehr alte, oft klemmende und jaulende Töne hervorrufende Außenrollo. Das habe ich auch alles bisher akzeptiert. Bis auf die Farbe des Innenrollos. Es muss auch mal Veränderungen geben… Auch an unserem Badezimmerfenster prangt nun ein ebenso giftgrünes Rollo. Sei's drum!

Hier schaut man ja auch nicht am Abend gemütlich in die Röhre und wenn doch, nur für begrenzte Zeit und in eine ganz andere, solange man sich zwecks unaufschiebbarer Dinge im diesem besonderen Raum aufhält. Es ist also nun Mai und er Himmel ist trübe mit gelegentlichen Aufheiterungen, so wie an vielen Abenden. Nur, warum kommen die Aufheiterungen im Frühjahr fast immer gegen 20 Uhr, wenn die Nachrichten beginnen, noch vor der Wetterprognose?

Ich sitze also stumm vor dem Fernsehgerät in meinem Sessel und schaue gespannt auf das Weltgeschehen.

Aber auch fensterwärts hat sich inzwischen einiges getan.

Wie abgesprochen mit dem Wettergott zeigt sich die Abendsonne urplötzlich am Nordwestfenster und wirft mit langem, hellem Strahl und geballter Kraft das gleißende Licht direkt auf die linke Hälfte der Mattscheibe, die dadurch ihrem Namen einmal Ehre macht. „Mattscheibe."

So nehme ich nur halb im Bild, aber Gott sei Dank ganz im Ton schemenhaft die Einblendungen wahr. Auch der Tagesschausprecher bekommt eine seriöse, fahle Blässe durch die halbseitig einfallenden Sonnenstrahlen.

Ich liebe Sonnenstrahlen, doch nicht auf der Mattscheibe.
Verflixt noch mal! Meine Frau dagegen hat es besser getroffen.
Sie erlebt mein abendliches Fiasko nicht, das sich an vielen
Abenden bis Mitte Juni von meinem Stand- bzw. Sitzpunkt
zeigt. Nur wenn ich dann vernehmlich ungelenk über die Unter-
armauflagen meines Sessels gebeugt schräg nach links hänge,
um wenigstens einen Teil der Sendung bei klarer Sicht mitzube-
kommen, gepaart mit einem ärgerlichen Gesichtsausdruck,
hängt sie sich verbal in die Szenerie mit ein.
Oft sagt sie dann, wenn ich ihr erkläre, ich sähe nur die Hälfte
des Bildschirmes klar und farbig, ich könne doch das schöne
grüne Innenrollo herunterlassen, um die Abendsonne von ihrem
Scheinen abzuhalten und schaut dann weiter unberührt von
meiner Stimmung auf die globalbunten Weltneuigkeiten.
Wenn ich nun aber nicht gerade kurz vorher von einer anstren-
genden Gartenarbeit hereingekommen wäre, so wie heute, hätte
ich auch noch die Kraft gehabt, mich aufzurichten, zum Fenster
zu gehen, um das Innenrollo herunterzuziehen.
So verkrieche mich aber eher in die linkste Seite meines Sessels
und belaste nur die eine Körperhälfte eine ganze Weile, bis mir
der linke Arm und das Steißbein einzuschlafen droht.
Solch eine Selbstkasteiung kann meine liebe Frau natürlich nicht
lange aushalten und sie steht auf, um das Rollo ein Stück herun-
terzulassen. Ein Stück! Nicht das Ganze. Bloß nicht!
Man müsste ja dann das Deckenlicht wieder einschalten.
So sehe ich jetzt zu meinem Erstaunen nach wie vor den Fern-
sehschirm auf der linken Hälfte weiß, aber nun spiegeln sich auf
der gesamten Fläche in regelmäßigem Abstand in waagerechter
Anordnung die Lamellen des giftgrünen Innenrollos wider.
In Sonnengelb! Ach, stünde mein Sessel doch nach wie vor wie
„einst im Mai" an einer anderen Zimmerseite.

Da hätte die güldene Abendsonne, die im Frühsommer für eine gewisse Zeit am Abend, aus Nordwesten einfallend keinen Einfluss mehr auf mein Sehvermögen und der Bildschirm wäre stets ungetrübt.

Bedingt durch den schrägen Lichteinfall der Sonne und meine ungünstige, nicht freiwillig gewählte Sitzposition ist alles etwas schwieriger in meinem gewohnten Alltag geworden.

Was hindert mich eigentlich daran, mich auf das Sofa zu setzen, wo meine Frau halb liegend den weiteren Abend ohne Störungen verbringt? Das versuche ich nun zu erklären.

Seit über einem Jahr haben wir unerwartet Nachwuchs bekommen. Ein Mädchen mit dunklen Knopfaugen, vollem, dunklen Haar, einem süßen Mündchen und tapsigen, ungelenken Schritten, wenn es längere Zeit nicht auf seinen dünnen Beinchen umher tapste. Ich gönne es ja meiner Frau sehr, wenn ich sehe, welche Einheit die beiden bilden, wenn die Kleine hundemüde, mit einer Kuscheldecke bedeckt, mit ihr auf dem Sofa liegend den Fernsehabend verbringt. Hin und wieder gähnen die beiden fast synchron ganz herzhaft und räkeln sich innig auf dem orangenen Sofa, sobald sich die eine oder andere in eine noch bessere Sitz -oder Liegeposition bringen will. Und ich?

Ich bin von Mai bis Ende Juni schon etwas sauer, zumeist nur zwischen 2o und 21 Uhr, weil mir partout nicht gestattet wird, als Dritter im Bunde an der Stelle zu sitzen, wo der Sonnenstrahl dem Zuschauenden nichts anhaben kann, da der Blickwinkel dort einfach günstiger und blendfrei ist und keine weißen Flecken auf der Mattscheibe zu sehen sind. Gut, ich verzeihe beiden, besonders der Großen ihren Eigensinn.

Sie ahnte bisher nichts von meinen schrägen Gedanken, bis ich ihr diese kleine Episode unter die Brillengläser hielt.

Ob sie mich jetzt trotzdem noch liebt?

Die Kleine kann eh nichts dafür und ich hätte meinen Ruhesessel auch von Anfang an neben das Sofa stellen können. Hätte, hätte, hätte! Doch wenn ein Möbelstück einmal da steht, wo es hingestellt wurde...

Ich weiß um meine Schwächen und versuche mit dieser kleinen Kurzgeschichte etwas Dunkelheit ins zu helle Licht zu bekommen. Unser Hundemädchen soll lieber in seiner ganzen Pracht und Länge bei meiner Frau ausgestreckt auf dem Sofa liegen, als dass ich versuche, mich auch noch dazwischen zu quetschen. Ich möchte ja noch ein bisschen Leben für mich behalten.

Und sei es nur im Mai und Juni zwischen 20 und 21 Uhr mit Blick auf das Fenster, das Rollo, meine Frau und unser Hundemädchen.

Und nicht zuletzt auf den verflixten Abendsonnenstrahl.

34

Der eitle Maler

Ein Mensch

der wollte sich mal malen

und hernach mit dem Bildnis prahlen

so hat er dann mehr schlecht als recht

sein Ebenbild gemalt in echt

und hing's sogleich in einen Rahmen

möcht' zeigen es den schönen Damen

die er zum Kaffee eingeladen

wollt' sich in deren Lobe baden.

Doch als die Damen angekommen

und sich dann einen Blick genommen

das Bildnis wurd' lang inspiziert:

„Den Vater hat er porträtiert!"

„Mit trübem Blick und voller Runzeln!"

darüber konnt' er schwerlich schmunzeln.

So war die Meinung von fast allen

das Werk… es war glatt durchgefallen

denn niemand hatte ihn erkannt

dass er selbst im Bilde stand.

So löste er sich von den Qualen

und malte künftig nur nach Zahlen.

Der erfolgte Misserfolg

Ein Mensch, kann er einmal nicht müssen
Schaut sehr gequält und presst verbissen.
Möcht' gleich sich von dem Unrat lösen
Versucht, sich Tropfen einzuflößen.
Und nicht genug, er hat ja Köpfchen
Lässt auch verschwinden er zwei Zäpfchen.

Sieht auf die Uhr, schaut rauf und runter
Und wird erwartungsvoll sehr munter.
Die Zeit vergeht, sein Bauch bleibt stumm
Vom Hocken wird sein Rücken krumm.
Und auch die Beine schlafen ein
Im Leib liegt schwer sein Mühlenstein.

Es geht nicht mal ein leiser Wind
Vom Misserfolg ist er verstimmt.
Da steht er auf, es reicht ihm nun
Und legt sich hin, um auszuruh'n.
Erwacht nach Stunden und erschrickt
Sein Leib ist flach, wohin er blickt.

Und nicht genug, viel weiter unten
Hat er Erhofftes vorgefunden.
Der Mensch, er hat sich sehr geziert
Und sich dazu noch angeschmiert.
So sollten wir am Schluss noch wissen
Wer liegenbleibt, ist angesch...

Der Hypochonder

Ein Mensch sich plagt mit dem Gedanken
Niemals für länger zu erkranken
Er isst genügsam und trinkt wenig
Ist morgens Bettler, mittags König

Und ruht sich aus fast jede Stund'
Und läuft spazieren mit dem Hund
Geht jedem Streite aus dem Weg
Und allem was ihm krumm und schräg

Zwei Pillen für den klaren Kopf
Und zwei damit ihn nichts verstopf'
Drei Schlucke Wohlfeil-Elixier
Und Wuchskraut für des Hauptes Zier

Für müde Beine Wassertreten
Und vor dem Schlaf zum Herrgott beten
Die Kleidung immer fest geschlossen
Und abgetönt die Sommersprossen

Damit von außen nur nichts käme
Was ihm dann die Gesundheit nähme
So lebt er friedlich, fromm und bänglich
Sein Leben und das lebenslänglich

Doch als Freund Hein ihn dann erblickte
Und ihn fast auf die Reise schickte
Dahin wo all die Alten, Kranken
Schon vor ihm in das Jenseits sanken

Da tat der Sensenmann ihm kund
Mein Herr Sie sind noch zu gesund
Gedulden Sie sich noch ein wenig
Sie sind noch viel zu stark und sehnig

Mit Neunzig ist es zwar längst Zeit
Doch bin ich gar nicht gern bereit
Sie in dem Zustand abzumelden
Und kann mit Ihnen jetzt nur schelten

Wenn Sie ein wenig lebensfroher
Gelebt und gegen sich viel roher
Dann hätten Sie jetzt Ihre Ruh'
Und Ihre Augen lang schon zu

Ein Mensch sich plagt mit dem Gedanken
Wie kann ich schnell zu Tod erkranken
Er isst kaum noch, fängt's Saufen an
Und legt sich nackt ins Bette dann

Und denkt, ach, hätt' ich doch im Leben
Der Krankheit öfter nachgegeben
Und sinnt darüber Jahr für Jahr
Dass es wohl nicht das Klügste war

Sich immer so in Acht zu nehmen
Und fängt fortan sich sehr zu schämen
Weil er der Letzte ist, der geht
Mit Hundert ihn nichts mehr bewegt

Und die Moral von der Geschicht'
Gesund lebt, der auf nichts verzicht'
Wer frisst und säuft sein Leben lang
Dem ist vorm Ende auch nicht bang

Der entscheidende Griff

Was war ich stolz.

Stolz darauf, einen alten tschechischen Traktor und einen noch älteren, zum Wohnen umgebauten, hölzernen Bauwagen und dazu noch einen über 30 Jahre alten knallroten, französischen Oldtimer mein Eigen zu nennen.

Sehr viel Schönes hatten wir in jüngerer Vergangenheit mit unseren Fahrzeugen erlebt.

Meist kam aber nur eines dieser motorisierten Gefährte zum Einsatz, wenn wir in die Ferien fuhren.

Es ist noch nicht lange her, da versuchten wir wieder einmal unserem Alltagsleben etwas mehr Glanz zu verleihen, wenngleich auch nur vorübergehend. Aber immerhin.

Wir entschieden uns in diesem Jahr für einen kleinen, privat geführten Campingplatz, der mitten im Wald malerisch auf einer großen Lichtung lag und nicht so weit von unserem Wohnort entfernt in gut zwei Stunden mit dem Traktor-Bauwagengespann zu erreichen war. Zehn Tage sollten reichen, um unsere die am Limit blubbernden Batterien wieder mental und physisch zum Leuchten zu bringen. Ziemlich weit entfernt von unserem damaligen Stellplatz das nächste Dörflein.

Ein größerer Ort mit einer Einkaufsmöglichkeit würden wir erst nach knapp einer Stunde Vollgasfahrt mit unserem Ackerboliden erreichen. Also entschlossen wir uns diesmal, beide Fahrzeuge auf die Reise mitzunehmen, damit wir mit dem Oldtimerauto etwas beweglicher und schneller sein würden und schon nach zwanzig Minuten in den nächstgelegenen Supermarkt kämen. So weit, so gut.

Meine Frau fuhr das Auto, eine sogenannte „Hoffmann-Ente" und ich den Traktor.

Natürlich war sie über eine Stunde früher an unserem Ziel angelangt als ich. In den ersten Tagen unseres Aufenthaltes konnten wir uns noch mit diversen, mitgebrachten Lebensmitteln versorgen. Leider gab es auf diesem Campingplatz keine Möglichkeit, einzukehren oder sich Nahrungsmittel zu besorgen.

Der Platz an sich entschädigte uns aber wegen seiner Ruhe, dem plätschernden Bach und die Freundlichkeit und Offenheit der holländischen Campingplatzbesitzer, so dass wir im Grunde sehr zufrieden waren. Also verstauten wir eines Tages unsere leeren Einkaufstaschen und unsere mittelgroße Mischlingshündin in den Kofferraum unseres einst zu einer zweisitzig umgebauten Limousine mit dem überdimensionierten Kofferraum und rauschten erwartungsfroh, hungrig und neugierig auf neue, unbekannte Landschaften über wunderschöne, malerische Nebensträßchen einem Städtchen entgegen, unseren profanen, aber elementaren Bedürfnissen entgegen. Da wir mangels Möglichkeiten auf unserem Campingplatz bisher noch nicht in den Genuss eines Eisessens gekommen waren, fanden wir das erste Objekt unserer Begierde gleich mitten im Zentrum der angefahrenen Kleinstadt und parkten ein, nicht ohne wiederholt von vorbeigehenden, staunenden Passanten über dieses recht selten gewordene Auto'chen ausgefragt zu werden. Das waren wir gewohnt. Dann aber schnell nach dem Eisgenuss zurück ins überwohlig von der Sonne aufgeheizte Innere unseres Oldtimers. Die einzigen beiden Seitenscheiben lassen sich bei diesem Sondermodell, das einst eine Firma im Bayrischen umgebaut hatte in wenigen Sekunden mit einem Handgriff herausnehmen und in die dafür vorgesehenen großen Türinnentaschen verstauen. So erstickte man nicht gleich vor der Weiterfahrt und hatte sogar noch Luft für den hintenan im Fond hechelnden Hund. Somit war rasch Abhilfe geschaffen und ich startete den Motor.

Das heißt, ich drehte den sich auf der linken Seite des Armaturenbrettes befindlichen Zündschlüssel wie gehabt rechtsherum und ... wurde blass.

Nur ein leises verschämtes Klicken war zu vernehmen.

Lichtmaschine defekt, Batterie leer, endlich schrottreif?

Ein zweiter Startversuch.

Zündschlüssel nach rechts herumdrehen. Nichts!

Friedhofstille unter der geschwungenen, stark abfallenden Haube unseres Boxermotors. Jedweder ankommende Strom war durch irgendetwas total unterbrochen. Nichts funktionierte mehr. Auch unsere brave Hündin funktionierte plötzlich nicht mehr wie gewohnt, indem sie nicht wie sonst vor Fahrtantritt über die beiden Sitze hinweg hechelnd interessiert nach vorne durch die Frontscheibe schaute, sondern sich schmollend auf den Kofferraumboden legte und ihren Kopf unter ihren Vorderpfoten versteckte. Eine neue Batterie war erst in diesem Frühjahr bei der Jahresinspektion eingebaut worden und das Fahrlicht hatte ich bewusst beim Abschalten des Motors immer manuell ausgeschaltet. Nanu?

Ich steige aus, öffne die Haube, sehe nach losen, elektrischen Verbindungen, den Zündkerzen- und Verteilersteckern, nach etwaigen Marder lastigen Nagestellen an den Verkabelungen und nach dem korrekten Sitz der Batterieanschlüsse an beiden Polen. Ich kann nichts Außergewöhnliches entdecken.

Lediglich an meiner Frau meine ich, bisher nicht entdeckte Falten auf ihrer sonst faltenfreien Stirn zu sehen. Wir stehen etwas ratlos neben dem Fahrzeug.

Ein älterer Mann schlurft vorbei und ruft uns lachend zu: „Ha, wer sein Fahrzeug liebt, der schiebt!" Ich überhöre es. Schieben, ja schieben, hier, wo es leicht bergan auf diesem Parkplatz geht und dann noch auf dem buckligen Kopfsteinpflaster...

Nein, das wollen und können wir nicht.

Ich schwinge mich nochmals auf meinen Sitz, versuche mit viel Gefühl noch einmal zu starten. Da, der Motor dreht durch, röhrt qualvoll auf und ich setze drei Meter zurück. Der Motor stirbt abrupt ab. Nun stehe ich mit dem Heck zuerst mitten auf der Fahrbahn in dieser Seitenstraße und behindere den laufenden, wenn auch eher schwachen Verkehr. Verd…! So viel Aufsehen wollten wir nie. Der ältere Mann hat uns natürlich bei unserer kurzen Ausfahrt zugesehen und ruft uns nun vergnügt zu:" Sagte ich doch schon, wer sein Fahrzeug liebt, der schiebt!"

Ich tue so, als hätte ich ein funktionsloses Hörgerät hinter meiner Ohrmuschel und schiebe mit meiner Frau zusammen den Wagen in die Parklücke zurück. Schräg gegenüber, auf der anderen Straßenseite ist ein Schild auf einem sehr alten Gebäude angebracht, worauf man erkennen kann, dass hier die örtliche Polizeiwache ihren Sitz hat. Auch das noch! Doch kein Ordnungshüter ist in Sicht.

Inzwischen habe ich die Mitgliedskarte unseres Autopannendienstes in der Hand und melde per Handy das unerklärliche Startverhalten unseres betagten Zweizylinders. Ich beschreibe unseren Standort, nahe der Polizei und höre, in einer halben Stunde würde Hilfe kommen. Pannenhilfe natürlich!

Meine Frau geht inzwischen mit dem schwanzwedelnden Hund in einem neben dem Polizeirevier gelegenen kleinen Park spazieren. Ich stehe betont lässig auffällig unauffällig an eine Mauer gelehnt etwas weiter weg von unserem Pannenauto und beobachte die nächsten Passanten, wie sie sich interessiert den Oldtimer anschauen und zum Teil miteinander diskutieren.

Einige „erdreisten" sich sogar, ein sogenanntes Handyfoto zu machen, ohne mit mir zuvor Kontakt aufzunehmen.

Nun ja, sei's drum!

Aber ich stehe ja auch nicht erkennbar als Besitzer dieses Vehikels an eine Mauer gelehnt weiter weg und warte auf Rettung. Der Abschleppwagen erscheint. Leuchtend gelb und sehr geräuschvoll. Ein LKW mit Huckepackfunktion.

Alle Umherstehenden, inzwischen hat sich auch noch eine Kindergartengruppe dazugesellt, schauen nun zu, was hier geschieht und warten gespannt auf das Aufladen des roten Softflitzers. Die Kindergartentante sagt zu allem Überfluss hörbar für mich zu den Kleinen: „Da sehr ihr, Kinder, was passiert, wenn man nicht richtig Autofahren kann!" Ich hätte sie erwürgen können. Ich überreiche dem jungen Fahrer meine Mitgliedskarte zur Einsicht und erkläre ihm den Grund unseres Stillstandes. Meine Frau mit dem Hund ist nicht zu sehen. Wo bleibt sie nur? Der Fahrer meint: „Ich bin aber leider kein Mechaniker, kann euch aber zur nächsten Werkstatt bringen. Das ist mein Auftrag. Und die Werkstatt ist auch nur zwei Kilometer weit!" Und ich Dussel war der festen Meinung, der Schaden könne durch den Pannenhelfer an Ort und Stelle diagnostiziert und behoben werden. Endlich erscheint Frau mit Hund.

Mit ordentlich Getöse steht endlich unser Oldtimer auf dem Tieflader und wir quetschen uns neben den Fahrer mit dem Hund über dem Schoß in die viel zu enge LKW-Fahrerkabine. Nach zehn Minuten Schaukelfahrt (unser Fahrzeug hoch oben auf der Ladefläche schaukelt mehr als der Abschleppwagen selbst in den Kurven der Kleinstadt) sind wir schon da.

Eine Vertragswerkstatt eines anderen großen französischen PKW-Herstellers, sehe ich. Schnell ist unser Alter die Schräge hinunter wieder auf festem Boden stehend, kommt meine Frau aus dem Kundenbüro gerannt und ruft uns zu: „Wir müssen das Auto wieder aufladen. Sie sagen, sie hätten keine Termine heute für Fremdfahrzeuge!"

„Wir sollen besser in die nächstgrößere Stadt fahren!"

Pech gehabt! Nicht nur ich bin am Fluchen. Auch der schweiß-
gebadete Fahrer, der nun zum zweiten Mal das rote Vehikel
wieder aufnehmen muss, sieht sehr verdrießlich aus.

Und … last not least unsere Hündin hinterlässt ihre Hinterlas-
senschaft klammheimlich nur fünf Schritte entfernt vor dem Bü-
roeingang auf einer Schmutzmatte. Sie scheint ebenfalls ent-
täuscht zu sein. Nun flucht aber auch meine Frau und geht mit
einer kleinen, braunen Plastiktasche los, unseren Abschiedsgruß
einzutüten und danach auf den Tieflader zu werfen.

Schon nach dreißig Minuten sind wir in der großen niedersäch-
sischen Universitätsstadt angekommen und unser ortskundiger
Fahrer bringt uns zielgenau in eine nicht nur in dieser Region
bekannte Fachwerkstatt für französische Oldtimer einer ganz
bestimmten Marke, die bis heute Kultstatus hat, nicht nur bei
Studenten. Hier werden wir ganz sicher geholfen.

Hoffen wir. Wir unterschreiben den Auftragszettel des Ab-
schleppers und der gelbe LKW verlässt das Firmengelände.

Ich marschiere zum Eingang der Werkstatt, zum Büro, zur Auf-
nahme, zur Anmeldung. Die Tür ist verschlossen. Es ist gerade
mal elf Uhr. Und ein Montag.

Eine Klingel sehe ich nicht, aber in Augenhöhe befindet sich ein
handgeschriebenes Schild, worauf steht: „Heute keine Annahme
wegen innerbetrieblicher Fortbildung. Bitte schicken Sie uns
eine E-Mail, damit wir einen Termin vereinbaren können oder
rufen Sie uns morgen ab 8 Uhr an. Vielen Dank für Ihr Ver-
ständnis!" Ich schlucke heftig und mein Verständnis geht nahe
Null. Was nun?

Da steht ein weißschopfiges Paar mit einem struppigen Hund
und einem knallroten Oldtimer auf einem großen Firmenge-
lände im Zentrum einer Stadt in einer Seitenstraße und wird
von der immer heißer werdenden Mittagssonne nicht nur ver-
wöhnt, sondern auch langsam zum Kochen gebracht.

Nicht nur der kleine Durst meldet sich inzwischen deutlich zwischen Gaumen und Segel, auch der große Hunger nimmt Raum ein. Schräg gegenüber erblicke ich eine andere Werkstatt. Eine Freie, wie es scheint.

Ein Versuch ist es wohl wert, denke ich und ich frage einen der vielen Monteure, ob sie mal gerade eben nach unserem Wagen schauen könnten, da dummerweise die Markenwerkstatt nebenan heute geschlossen wäre.

Nach gefühlten zwei Stunden begibt sich endlich ein radebrechender Mechaniker, auf seinem Blaumann steht: Meister, und darunter ein unaussprechlicher Name zu unserem Halbwrack. Immerhin! Es geht voran!

Alles Mögliche und Unmögliche probiert dieser wortkarge Retter an allen Zu-, Um- und Ableitungen aus, rüttelt hier und da an den Gestängen, überprüft mit einem Gerät die Durchgängigkeit der Stromversorgung und … wir fassen es nicht.

Auf einmal springt die Karre an. Der Motor brüllt auf. Ein Rolls Royce wäre nicht leiser gewesen. Obwohl er sechs Zylinder mehr hat als wir. Der Mann lässt den Motor mindestens drei Minuten auf Vollgas laufen, so dass sich unsere verschreckte Hündin ein zweites Mal erleichtert. Nur diesmal hinter einem Busch auf einem Randstreifen des Geländes und nicht vor den Augen aller. Sie weiß, was sich gehört. Meine Frau hat sie stets gut verzogen. Auch ich bin erleichtert. Sehr sogar. Nur nicht hinter einem Busch. Ich gebe dem Monteur ein Trinkgeld für seine Bemühungen, da er sonst kein Geld für die Reparatur annehmen will und danke. (Was hat er nur angestellt, damit der Wagen wieder lief?) Wir biegen mit warmem Motor und wieder besser gelaunt in die nächste große Kreuzung ein.

Die Ampel zeigt Rot und ich fange übermäßig an zu transpirieren.

Mein Innerstes weiß wohl schon kurz vor dem nächsten Ereignis, was folgen soll und reagiert dementsprechend mit einer gehörigen Portion Antiglückshormone.

Die Ampel wird grün und … der Motor stirbt nach meinem Einkuppeln grundlos ab. Grundlos?

Es gibt keine Zündung mehr. Nicht mal das leiseste Klicken beim Herumdrehen des Zündschlüssels ist zu vernehmen. Entrückt bewege ich den Zündschlüssel hin und her mit dem Erfolg, dass meine Frau überzeugend in resignierendem Tonfall zu mir sagt: „Ich habe dir ja damals gleich gesagt, dass es schon immer etwas Besonderes sei, einen Oldtimer zu fahren und dass das mitunter teuer werden kann!"

„Nun sieh zu, dass wir weiterkommen!"

Hach, wie tröstlich sich das für einen anhört, der das mittlerweile orgiastische Hupen der nachstehenden Schlange vor der grünen Verkehrsampel beschämt akzeptieren muss.

Welch unwürdige Situation!

Zwei junge, stabil ausschauende Männer am Gehsteig bemerken unsere Unpässlichkeit, kommen auf uns zu und fragen, ob sie uns über die Kreuzung in die nächste kleinere Straße schieben sollen. Sollen sie. Und tatsächlich nach der dritten oder vierten Grünphase gelingt es diesen wackeren Zeitgenossen, allem lästigen Verkehr aus dem Wege zu fahren. Wir danken und schauen uns um. Was nun? Weit hinten, etwa dreihundert Meter von hier sehen wir ein Werkstattschild. Wir gehen darauf zu und lesen: „Reparaturen aller Art und aller Marken!"

Na also. Geht doch. Glück muss der Pannenfahrer haben.

Meine Sozia läuft zur Werkstatt hin und kommt wenig später mit hängenden Schultern zurück.

„Sie nehmen leider keinen Oldtimer an!" meinten die Werkstattleute."

Wir sollten besser in diesem Fall einen sogenannten „gelben Engel" anrufen haben sie mir geraten!

Hatten wir schon, murmele ich verstört und schaue ziemlich ratlos den vielen Radfahrern nach, wie sie auf ihren Wegen motorlos ihren Zielen entgegen radeln. Nur wir stehen wie fest gemauert in der Erden am Straßenrand und überlegen krampfhaft, wie wir heute noch vor Einbruch der Dunkelheit unseren Campingplatz wieder erreichen können. Auch steht noch ein wichtiger Einkauf an. Neben der Werkstatt eine uns bekannte Tankstellenkette mit einem gut sortierten Shop, wo man in früheren Zeiten außer Benzin auch noch den Tiger in den Tank bekam.

Wir decken uns mit Lebensmitteln und Getränken ein und gehen zum Wagen zurück. Unsere Hündin hat es da schon besser, da wir immer frisches Wasser in einer Trinkschale und diverse Leckerlis mit auf eine Tour nehmen. Ich mache mir nichts aus Leckerlis! Wir laben uns ausgiebig an den gekauften Getränken und atmen schwer. Die leichte Karosserie erzittert durch unsere pneumatischen Ein -und Ausatmungsversuche und manchmal schaukelt sogar der ganze Wagen leicht hin und her.

Ich glaube aber, dass diese Bewegungen eher von unserem Vierbeiner herrührt, der hinten im Fondraum unruhig von einer Pfote auf die andere trippelt.

Ein Radfahrer mit einer ledernen nostalgischen Schutzkappe, von der ich als Laie annehmen muss, dass diese kaum vor den Folgen eines Sturzes schützen wird, bleibt stehen.

Auf dem Gepäckträger ist ein Bündel Karotten samt Krautteil eingeklemmt und am Lenker baumelt ein prall gefüllter Beutel, wohl auch mit geerntetem Gemüse oder Früchten aus einem Strebergarten. Der Mann, er könnte etwa siebzig Jahre jung sein, hat unsere Aktionen sicher schon eine ganze Weile beobachtet und kommt zu Fuß auf mich zu.

„Kann ich euch helfen?" fragt er freundlich.

Ich erkläre ihm kurz den Grund unserer momentanen Standfestigkeit und dass wir eigentlich heute Morgen vorhatten, nur etwas einzukaufen und unterwegs Schiffbruch, oder anders ausgedrückt, Zündbruch erlitten haben und uns die Abschleppfirma und auch drei Werkstätten nicht helfen konnten und wir nicht wissen, wie wir zu unserem Stellplatz auf eigenen Rädern zurückkommen könnten.

„Steig bitte mal aus!" bittet der Radler. „Und lass mich mal einen Startversuch machen!" Ich überlege kurz.

Soll ich Frau und Hund allein ihrem Schicksal überlassen und den uns völlig fremden Mann einsteigen oder soll ich zuvor noch schnell die beiden aussteigen lassen? Ich entscheide mich für Ersteres und wundere mich nur über die Sicherheit in der Stimme dieses sympathischen Menschen, die irgendwie alle meine Bedenken über Bord, beziehungsweise über die Kotflügel wirft. Er setzt sich vors Steuer, bewegt zuerst den Zündschlüssel und beugt sich danach nach links hinunter, greift unter das Armaturenbrett, das von unten offen erreichbar ist und dreht ein zweites Mal den Zündschlüssel herum. Brrrummm!

Das Fahrzeug springt sauber klaglos an und ehe ich reagieren kann, sehe ich nur noch den Auspuff meines geliebten Oldtimers. Mir wird sehr warm. Der Mann dreht zweimal eine große Runde um einen freien Platz und kommt dann lachend zurück. Wenn er nicht wieder zurückgekommen wäre, hätte ich zumindest sein Zweirad als Entschädigung konfiszieren können mit den vielen Leckereien im Gepäck.

Doch was wäre dann aus unserer Hündin geworden, aus dem Auto selbst und nicht zuletzt aus meiner Ehefrau?

Es wäre ein sehr schlechter Tausch geworden, sinniere ich. Ganz anders als bei „Hans im Glück."

Er steigt aus, zufrieden grinsend und meint: „Ich dachte gleich an das unten offenliegende Zündschloss und die beiden stromführenden Kabel daran."

„Die lockern sich manchmal und die Zündung wird sekundenlang unterbrochen oder der Kontakt bricht ganz ab."

„Da hilft auch kein Starterkabel oder sonst etwas."

„Man muss lediglich das eine abgerutschte Kabel wieder auf das Gegenstück schieben, dann läuft die Karre wieder."

„Und das natürlich ganz ohne Werkzeug, verstehst du?"

„Ich hatte in jungen Jahren als Musikstudent auch mal längere Zeit ein solches Fahrzeug und dieses Problem ist damals bei diesem Baujahr öfter aufgetreten. Ist ja auch kein Neuer mehr, oder?" „Wünsche euch allzeit eine gute Fahrt und weiterhin einen erholsamen Urlaub!"

Und ehe wir es uns versahen, saß der „Engel auf Rädern" schon wieder im Sattel und radelte winkend davon. Ein lautes „Danke" konnte ich ihm gerade noch hinterherrufen. Der Tag war gerettet und unser Urlaub damit. Nie wieder ist bei unserem Oldtimer diese scheinbar typische Fabrikationsmacke aufgetreten.

Und wenn doch mal? Ich kenne nun das Geheimnis über den **„entscheidenden Griff."**

Diese Geschichte ist uns tatsächlich genauso passiert und (fast) nichts habe ich dazu gesponnen.

Ich glaube, am besten sind die Geschichten, die das Leben schrieb und nicht die Erfundenen.

Der Nachthemdenkauf

Ein Mensch schickt einen andern los
Ein Nachthemd ihm zu kaufen
Es soll kein Kunstgarn sein und... groß
Beim Waschen nicht verlaufen.

Mit Spitzen an den Rändern fein
Dreiviertellang, doch nicht zu kurz
Soll reichen bis ans Wadenbein
Und auch verhindern jeden Sturz.

Soll wärmen ihn des nachts im Bette
Und auch mal kühlen seinen Busen
Und bügelfrei mit edler Glätte
Und ohne paspelierte Flusen.

Für dreißig Euro, ob's wohl reicht
Und sich nicht Ton in Ton erschöpft
Am besten wäre „pflegeleicht"
Und vorn' zur Hälfte zugeknöpft.

So geht der Andre, etwas bang
Ein Hemd gewünschter Art zu holen
Nicht warm, nicht dünn, nicht kurz, nicht lang
Wie man es ihm hat anbefohlen.

Zwei Stunden hat er durchgewühlt
Die halbe Stadt nach so ‚nem Hemde
Und bald gewusst und auch gefühlt
Dass er Gesuchtes hier nicht fände.

So griff er wegen seiner Nöte
Verzweifelt nach ‚nem andern Stück
Das seinem Träger all das böte
Wonach man ihn hat ausgeschickt.

ZWEI Teile, die, je nach Befinden
Man einzeln trägt und auch zusamm'
Mit vielen Schleifchen, schön zu binden
Ein kluger Kopf, der das ersann.

Und lässt's verschnür'n, mit Bändern, feinen
Ein Lächeln ihm durchs Auge zuckt
Ein SCHLAFANZUG mit langen Beinen...
Was hat der Eine Mensch geguckt.

Und die Moral von dieser „Fabel":
Im Schlafanzug...zeigt man mehr Nabel!

Der Nierenstein

Ein Mensch kommt er ins Krankenhaus
denkt ach wär' ich doch schon zu Haus
jedoch zum Bleiben zwingt allein
ihn ein versprengter Nierenstein
der als er ging auf Wanderschaft
ihm Kolik artig nahm die Kraft.

So dass nach fachärztlichem Rate
der Stein egal von welcher Warte
in jedem Fall sollt' er gefunden
sogleich entfernt und frei entbunden.

Der Urolog' ein großer Kenner
sie nannten ihn den Steinzertrenner
der hat den Menschen visitiert
ihm beide Nierchen inspiziert.

Und sehr gekonnt in der Narkose
fand er den Stein der war nicht lose
Gerüttelt hat er und gezerrt
der Stein der blieb fast unversehrt.
So hat enttäuscht er festgestellt
nicht alles rutscht auf dieser Welt.
Der Mensch der wieder aufgewacht
der hörte dies und lacht und lacht
und sprach Herr Doktor ist doch klar
dass dies ein Stein der Anstoß war.

Und die Essenz von der Geschicht'
solch Steine möcht' man eher nicht.

Der Prahlhans

Ein Mensch der denkt
er sei sehr wichtig
sieht selten klar sich angesichtig

so glaubt er fest und unbenommen
das Beste wird nur **er** bekommen

doch wie's im Leben mal so geht
auf wackeligen Beinen steht

wer sich so maßlos überschätzt
hat oft verlor'n zuallerletzt.

58

Die Frau vor mir

Erst zögerte ich noch.

Dann aber gab ich mir einen Ruck, hatte ich mir doch schon vor Tagen fest vorgenommen dieser Veranstaltung als Zuhörer und Zuschauer beizuwohnen. Oder, besser gesagt beizusitzen, da ich durch mein Beiwohnen im letzten Herbst bei einer ähnlichen Veranstaltung in diesem herrlichen Saal wusste, dass es dort eine ordentliche steißbeinfreundliche Bestuhlung gab.

Das Thermometer zeigte mir ein dickes Minus an und auch einzelne Schneeflocken tanzten im Schein der Straßenlaterne am frühen Abend. Trotz erschwerter Fahrbedingungen wollte ich mir diesen kulturellen Abend, der wieder einiges versprach, nicht entgehen lassen. Ich zog mir den Mantelkragen bis zu beiden Ohren hoch, als ich ins Auto stieg. Nach 40 Minuten angestrengter Fahrt bei stetig heftiger werdendem Schneetreiben betrat ich kurz vor Beginn der angesagten Autorenlesung mit angekündigter instrumenteller Begleitung das imposante, altehrwürdige Gebäude in der Innenstadt und den von seiner innenarchitektonischen Bauweise noch beeindruckender gestalteten Saal, der fast bis auf die letzte Stuhlreihe besetzt war. Fast!

Als ob jemand oder etwas auf mich gewartet hätte, erblickte ich nach kurzem, angestrengtem Suchen den einzigen, noch freien Sitzplatz inmitten einer langen Reihe. Ich murmelte einige Entschuldigungen, als ich unsanft, aber ungewollt beim Durchschlängeln einige Knie der Hockenden anstieß und ließ mich auf dem rot gepolsterten Stuhl, der an einen Kinositz erinnerte, nieder. Nach kurzer Einführung des stadtbekannten Literaten durch den Veranstalter dieser besonderen Einrichtung fiel mein Blick oder besser schweiften meine Augen über die Köpfe der

vor mir Sitzenden hinweg zum Rednerpult vor der großen
Bühne. Wohin auch sonst!
Hier war ein wahrer Poet am Reden. Ein Meister der hohen
Schreibkunst. Alle Achtung!
Ich hing so sehr an den schmalen Lippen des ehemaligen Schul-
leiters, Sängers und Chorleiters, der sich verdient alle Mühe gab,
das aufmerksame Publikum mit seinen nachdenklich machen-
den Kurzgeschichten und Gedichten zu fesseln, dass ich fast
vergaß, meine Hände aus den Manteltaschen zu nehmen, um
ihm respektvoll Beifall zu zollen. Auch der Organist, der ab-
wechselnd zwischen den Vortragsstücken zwischen Klavier-
und Orgelspiel brillierte, hielt mich in seinem Bann.
Getragene Werke weltbekannter Komponisten lösten sich mit
moderner Popmusik ab. Alles passte!
Doch dann richteten sich meine Augen nach einer langen Weile
des Zuhörens auf die Gestalt des direkt vor mir in der langen
Reihe Sitzenden. Oder besser gesagt, DIE vor mir Sitzenden.
Ich überragte sie gerade um einen viertel Kopf und so konnte
ich ausreichend weitblickend auf das Rednerpult und die Mu-
sikinstrumente schauen. Nichts Besonderes denkt man nun,
aber … Irgendwas weckte mein Interesse und meine Neugier
und ich ertappte mich dabei, dass ich immer öfter vom Redner-
pult wegschaute und auf den Meter vor mir blickte.
Sie saß da ebenfalls schon eine geraume Stunde, so wie alle an-
deren auch und hörte offenbar andächtig zu. Aber sie bewegte
sich nicht. Kein einziges Mal ruckte oder zuckte ihr Oberkörper.
Auch nicht, als alle übrigen Beifall klatschten. Ich begann mir
Sorgen zu machen.
Zu beiden Seiten neben ihr saßen zwei Männer mit Halbglatze
und sorgsam mittig zurückgekämmten dünnen Haarsträhnen,
die mit glänzender Pomade auf ihrem Platz gehalten wurden.

Der eine schien ihr Begleiter zu sein, da er sich verdächtig nah an sie anlehnte. Die unbewegte Frau drehte sich während des ganzen Abends nicht einmal zur Seite, weder bückte sie sich oder machte irgendein Geräusch. So konnte ich ihr Profil, so sehr ich mich auch anstrengte nicht erkennen. Ihre dichten Haare hatte sie zu einem mächtigen Pferdeschwanz streng nach hinten gebunden, wo dieser von einer noch mächtigeren, silberfarbenen Haarspange in seiner Position gehalten wurde. Seltsamerweise war ihre Haarfarbe ein stumpfes Grau. Ich glaube, man sagt meliert dazu. An den Seiten waren einige schmale Strähnen durchwirkt und grasgrün eingefärbt. Eine ältere Dame mit grünen Haaren? Weiter konnte ich erkennen, dass ein kleines Stück ihres weißen Nackens, dass sich dem vollen Haar nach hinten anschloss nicht ganz so weiß war, wie es sein sollte. Ein kleines Tattoo, nicht größer als ein kleiner Finger war in die Haut eingearbeitet und lockerte so die Nackenlandschaft erfrischend auf. Ich rätselte. Es konnte eine Kerze sein oder auch eine Statue darstellen. Ob meine Deutung die richtige war, würde ich sicher nie erfahren. Aber es machte Spaß darüber zu sinnieren. Mein Blick wanderte jetzt zu ihren wohlgeformten Ohren. An der linken Ohrmuschel trug sie so eine Art Creole in Goldfarben. Am anderen Ohr hing ein etwa 8 Zentimeter langes, filigranes Ding in rubinroter Farbe, das einer brennenden Kerze recht ähnlich sah, aber sich leider zu einem Teil im rechten Blusenkragen versteckte, da sie ihren Kopf angespannt und starr schräg nach rechts geneigt hielt.
Als ich mich während eines Musikstücks unauffällig nach vorne beugte, konnte ich ihre linke Hand erkennen, die zu meiner Verwunderung auf dem rechten Knie des links neben ihr sitzenden Halbglatzenmannes ruhte. Und diese, zugegeben etwas zu groß geratene Frauenhand trug einen weißen, dezent gemusterten Abendhandschuh mit Lochstickerei.

Seltsam!

Ich war ja nun bei einer Autorenlesung und nicht bei einer Operettenaufführung oder einer Gala. Es fehlte nur noch das Opernglas. Dann fiel mir der bunte Armreif auf, der bis zur Stulpe des weißen Handschuhs heruntergerutscht war und aus eng geflochtenen, farbigen Bändern bestand. Ich machte mir so meine eigenen Gedanken über diese Person, die ich nur von hinten kannte oder, anders gesagt nur von hinten anschauen durfte. Von den überwiegend grauen Haaren her könnte es sich durchaus um eine schon etwas ältere Dame handeln. Aber mit grasgrünen Strähnchen? Ob der Nebenmann ihr Ehemann war? Und wenn nicht? Und das Tattoo in ihrem Nacken?

Und, was ich noch nicht erwähnt hatte war ein wunderbarer Duft, der von ihr ausging. Es roch nach Flieder und Frühling. Besonders hinten heraus. Ich rutschte auf meiner Sitzgelegenheit, soweit es ging, Zentimeter für Zentimeter etwas weiter nach links, wobei ich das harte Ende des Stuhles unangenehm zu spüren bekam. Aber das war es mir wert. Der Poet gab nun in der zweiten Hälfte des Abends ein paar Kurzgedichte zum Besten. Sehr gekonnt! Fein pointiert! Beifall!

Mit halbem Ohr, aber mit wachen und wachsamen Augen konnte ich nach einiger Zeit einen Teil ihres Schuhwerkes erblicken. Mein Gott! Trägt man das heutzutage? Stilettos mit Leopardenzeichnung und einem rosa Schleifchen über dem Spann? Ich war einmal mehr überrascht. Und nicht genug damit. Unter der fleischfarbenen, blümchengemusterten Strumpfhose zeichnete sich ein silbernes Fuß- oder Fesselkettchen ab. Daran hingen zwei Buchstaben, die tief über den Fußrücken hingen. K und S entzifferte ich. Immer mehr zog diese Unbekannte meine Aufmerksamkeit auf sich. Ob ich wollte oder nicht. Ich war gefangen in meinen Deutungen und Vorstellungen, wie denn wohl diese Frau von vorne aussehen würde.

Ob sie einen Damenbart trägt? Eher nicht!
Ob sie eine schiefe Nase hat? Eher nicht!
Ob sie auch im Gesicht tätowiert ist? Eher nicht!
K und S! Was könnten das für Initialen sein?
War die Person vor mir etwa ein junges Mädchen und hat sich
von einem älteren Herrn ausführen lassen? Oder eher umge-
kehrt. Eine sogenannte Begleitdame vielleicht? Oder ist es doch
eine gesetztere Person in mittlerem Alter? Ist es etwa die Inha-
berin eines hiesigen Fachgeschäftes, dem Kerzen-Shop?
„K und S?" Oder, oder, oder. Irgendwie hatte dieser Abend et-
was Geheimnisvolles, Mystisches, Prickelndes.
Nach dem tosenden Beifall, der beiden Künstlern galt, dem Poe-
ten wie auch dem Musizierenden, blieb ich noch einen Moment
entgegen meinen Gepflogenheiten sitzen, obwohl sich alle ande-
ren schon erhoben hatten und dem Ausgang entgegeneilten.
Meine Neugier auf die „Frau vor mir" war inzwischen so groß
geworden, dass ich sie nur einmal, nur ein einziges Mal und
wenn auch sicher nur für einen Augenblick von vorne gesehen
hätte. Als sich die Stuhlreihe vor mir leerte und auch die Frau,
die recht groß wirkte mit ihrem Begleiter dem Mittelgang zu
stöckelte, sollte jetzt eigentlich mein großer Moment kommen.
Jedoch, was ich zuvor beim Eintreten in diesen Saal nicht erfasst
hatte, war, dass es einen zweiten Ausgang gab, den die beiden
nun, ohne sich ein einziges Mal umzudrehen, händchenhaltend
mit schnellem Schritt nahmen. Und ich, ich hatte das Nachse-
hen, da ich mich schon der größeren Gruppe der hinaus Stre-
benden angeschlossen hatte, die den auch mir bekannten
Hauptausgang anstrebten. Als ich mich schon endgültig ent-
täuscht abwenden und meinen Weg nach draußen fortsetzen
wollte, hörte ich gerade noch, wie die "Frau vor mir" mit einer
tiefen, sonoren Männerstimme und nicht gerade leise ihrem
halbglatzigen Begleiter zurief:

„Gehen wir noch einen trinken, Liebster?"
Worauf ihr der Halbglatzige erfreut antwortete:
„Aber ja, mein Hase, mein Herbertchen. Jetzt machen wir uns
noch einen schönen Abend!"

Der Ruhepol

Ein Mensch entflieht den lauten Stimmen
es fällt ihm schwer sich zu besinnen
Die Kinder kreischen, schreien, plärren
verstärkt an seinem Langmut zerren.

Und auch sein Weib kennt tausend Wörtchen
verzweifelt sucht er nun ein Örtchen
wo die Gedanken ungestört
und nichts an seinen Nerven zehrt.

Die Blitzidee die ihm dann kam
und allen Ärger von ihm nahm
war nebenan, ganz unbesprochen
und ist ihm ins Gedärm gekrochen.

Er hockte still und sehr besonnen
genoss ganz unverkrampft die Wonnen
die ihm nun wurden still zuteil
gedankt sei's seinem Hinterteil.

Nun weiß er wo er Ruhe findet
wohin er stets vergnügt verschwindet
Der stillste Platz ,s ist nun mal so
ist immer noch daheim das Klo.

Der Mensch nun wieder ausgeglichen
ist jedem Lärm dann ausgewichen
fand jeweils seinen Ruhepol
und fühlt auf ihm sich pudelwohl.

Der Speck muss weg

Ein Mensch hat beinwärts einen Schaden
und ist verzeihlich oft am Klagen

Bekommt es macht ihm viel Verdruss
kaum einen vor den andern Fuß

Er denkt stets an sein neues Knie
und die OP vergisst er nie

Den neuen Knochen will er schonen
und ihn mit wenig Druck belohnen

So tippelt er in Schweiß gebadet
nur kurze Wege unbeschadet

Von A nach B und in der Mitte
verschnauft er und verhält im Schritte

Es will ihm schwer sein Korpus drücken
er stützt ihn ab mit seinen Krücken

Weiss nun bei seiner kleinen Größe
hat er vertilgt zu viele Klöße

Er macht ein finsteres Gesicht
denkt nur noch an sein Mehrgewicht

Jedoch der Mensch er bleibt besonnen
hat sich alsbald dann vorgenommen

weil ihm das Laufen schien sehr wichtig
zu essen nur noch leicht und flüchtig

Und ist nun allerbesten Mutes
tut er sich doch durch Fasten Gutes

Der Mensch sich leicht zu machen wusste
hat bald mehr Schwung und auch mehr Puste

Und seine Knochen auch die neuen
in Zukunft keinen Weg mehr scheuen.

Die guten Vorsätze

Ein Mensch, der kurz vor'm Jahresende
Sei'm Leben geben wollt' 'ne Wende
Hockt grübelnd rum und wird ganz still
Weil er bald anders werden will.

Er denkt an seine vielen Laster
Und an erlittene Desaster
Dem Glücksspiel will er nicht mehr frönen
Sich auch vom Rauchgenuss entwöhnen.

Dem Trinken möcht' er auch entsagen
Und ab Null Uhr auch nicht mehr klagen
Wenn hungrig er zu Bette geht
Ein schlanker Bauch ihm besser steht.

Will Zeit sich nehmen für sein Weib
Und Mußestunden nur zu Zweit
Und sollt' es jemals hektisch werden
So könnt' ihm nichts den Tag verderben.

Der Mensch hat sich viel vorgenommen
Und als das neue Jahr gekommen
Da saß er nüchtern und vergrämt
Vorsatzbeladen wie gelähmt.

Auf seinem Stuhl ohn' Tabaksrauch
Und ohne Alkohol im Bauch
Da tröstet ihn kein Himbeersaft
Im Magen nichts als Leere klafft.

Da fängt sein Weib an laut zu keifen
Er wollt' sie in den Hintern kneifen
Bloß so zum Scherz im neuen Jahr
Weil's bisher nicht so üblich war.

Und freut sich auf die Neujahrsnacht
Die er ganz rauschlos zugebracht
Jedoch... es geht ganz anders aus
Die Frau verzieht die Nase kraus.

Ihr Mann ist ihrem Aug' ein Dorn
Der Mensch, nun platzt er fast vor Zorn
Und greift in wütender Begier
Zu Schnaps und Wein und auch zu Bier.

Steckt sich dann noch ein Pfeifchen an
Und denkt, ein jeder mich mal kann
Und leicht benebelt, ganz gemach
Da wird er lustig und er lacht.

Die Uhr zeigt Eins, das Neue Jahr
Begann, so wie das alte war
Und ganz zufrieden raucht er weiter
Und frisst und säuft, das stimmt ihn heiter.

Ein Mensch, der kurz vor'm Jahresende
Sei'm Leben geben wollt' 'ne Wende
Denkt schon am ersten Januar
Nicht mehr an das, was gestern war.

So ist der Mensch, es macht mich froh
Denn mir ... geht's beinah' ebenso.

Eemeli und Milla

Es war im vergangenen Jahr.
Ganze sechs Jahre nach unserer außergewöhnlichen Lebens-
abenteuerreise befinden wir uns auf einem vorbildhaften, land-
schaftlich sehr schön gelegenen Campingplatz südlich der nie-
dersächsischen Stadt Hildesheim, der einen kleinen Badesee,
einen Kiosk, Sportanlagen und erfreulich unparzellierte Stellflä-
chen aufweisen kann. Ein hübsches Fleckchen Erde zum Ent-
spannen, wenngleich es auch nur zehn aushäusige Tage der
Erholung vom Alltag waren. Nun sind wir beide zwar noch
nicht zu alt, um ähnlich anstrengende Langstreckenausflüge mit
unserem Gespann, so wie damals fast 17000 Kilometer in
„einem Rutsch" zu unternehmen. Doch die 130 Kilometer, die
wir in knapp sieben Stunden bis zu unserem Urlaubsziel zu-
rücklegten, erschöpften uns schon etwas, besonders, als unser
Scheibenwischer während eines heftigen Regengusses ausfiel
und wir fragten uns, wie wir mit solch einem langsamen Ge-
fährt seinerzeit in einem halben Jahr annähernd 16000 Kilometer
zurücklegen konnten, ohne dass es zu ausgedehnten Ermü-
dungserscheinungen und Erschöpfungszuständen kam. Gewiss,
sechs Jahre sind inzwischen unwiderruflich vergangen, aber die
zunehmenden Jahre machen sich jetzt doch gelegentlich und
wenn, dann aber vehement bemerkbar.
Nicht nur, dass sich unsere Lebenseinschnitte noch etwas tiefer
in unser Spiegelbild eingegraben hatten. Auch andere Einker-
bungen, Herbstschrunden und diverse Tatterzipperleins haben
Körper und Geist geprägt, wenn man zu sehr darauf achtet.
Wir aber wollen missachtend aller unangebrachten Rippenpüffe
unser Restleben noch ein wenig genießen und unseren Ärzten
auch mal eine Verschnaufpause gönnen.

Sie sind ja eh schon ausgelastet genug mit dem Jungvolk, das sich in Scharen wegen kleinerer Sportverletzungen, seelischem Pupertätskummer und tiefgründigen Schönheitskorrekturen den Hintern in den Wartezimmern breit sitzt.

Genießen kommt von Genuss!

Und Genuss bedeutet halt für uns, in unserer dritten Lebenshälfte, wenn es denn so etwas gibt, anzuhalten, zu entschleunigen, durchzuatmen und freundlich in die Sonne zu blicken und an das Schöne zu denken, was uns in unserem langen Eheleben schon alles geschenkt wurde.

Das andere, weniger Erbauliche haben wir vergessen. Da sträubt sich unser Gehirn, die negativen, überlebten Zeitabschnitte hervorzuholen. Und das ist gut so!

Es würde sich sowieso nichts mehr ändern lassen.

Wir befinden uns also im Spätsommer des letzten Jahres mit unserem betagten Traktor-Bauwagen-Gespann auf einer weiten, frisch gemähten Wiesenfläche. Auf Sauberkeit wird hier sehr geachtet und Abfallkörbe sind an jeder Ecke aufgestellt. Zur Toilette sind es auch nur 200 Meter. Ist gut für die Figur.

Ein paar stark nach Osten geneigte halbhohe Birken geben uns Schatten. Die holländischen Nachbarn, ein älteres, aber freundliches Ehepaar mit einem Caravan aus der Nähe von Utrecht nehmen wenig Notiz von uns. Wahrscheinlich halten sie uns für Zigeuner oder sehr arme Deutsche, die nicht mal einen PKW und einen Wohnanhänger besitzen. Oder sie sprechen unsere Sprache nicht. Etwas weiter hinten hat ein mittelalterliches, Schweizer Pärchen sein Domizil aufgeschlagen, die mit einem großen, weißgelockten Hund angekommen sind.

Die hübsche, schlanke Frau und ihr hochgewachsener, schnurrbärtiger Lebensgefährte sprechen zu meiner Freude ein waschechtes Schwyzerdütsch, welches ich zu gerne höre.

Beide wohnen in Zürich.

Die Frau war mal Spanierin und ihr besonderer spanisch-schweizer Dialekt verleitet mich oft zu einem versteckten Schmunzeln. Es klingt einfach zu niedlich, wenn sie von ihrer Wahlheimat und von ihren Enkelkindern im fernen Spanien spricht. Auch sie, wie alle anderen circa 150 Feriengäste auf diesem Platz wissen inzwischen durch unsere unübersehbare Präsenz, dass wir diejenigen sind, die vor Jahren medienwirksam durch Europa getuckert sind.

Einige der deutschen Camper erinnern sich an vorangegangene Radioreportagen oder auch an die fünf Fernsehsendungen, wo wir von unserer Reise berichten durften. Bis zum heutigen Tag werden wir immer wieder mal, egal, wo wir uns aufhalten darauf angesprochen. Eines Abends, es dämmerte schon etwas, kommt ein älterer, alternativ gepflegter Däne mit einer unüberhörbaren, hochglänzenden Harley Davidson angebraust. Vollverchromt! Die Maschine!

Der Mann, etwa 70 an Jahren, baut gekonnt schnell sein Einmannzelt neben uns auf, mustert uns kurz und bereitet sich auf einem Spirituskocher seine karge Abendmahlzeit zu.

Dazu entnimmt er einer seiner schwarzen Packtaschen eine große Dose Faxe-Bier, ein dänisches Premiumerzeugnis und lässt die Büchse nicht eher vom Mund, bevor ihm der letzte Schluck aus seinen Mundwinkeln rinnt. Weit oder lange wird er sicher nicht von seiner Heimat entfernt sein, sonst wäre sein Bier bestimmt nicht mehr trinkbar gewesen, weil es so nah am Auspuff untergebracht war. Ich hole mir auch eine Büchse Bier aus dem Kühlschrank unseres Bauwagens, der alles hat, was man an Mobiliar und Lebensmitteln zum Leben braucht, setze mich neben den Traktor in einen Liegestuhl, proste ihm zu und wünsche ihm in seiner Sprache einen guten Appetit.

Dann frage ich ihn nach dem Woher und Wohin.

Er spricht etwas Deutsch mit dem gewissen, wohlklingenden dänischen Zungenschlag, sagt, er hieße Sören und berichtet weiter, dass er heute Morgen schon sehr zeitig von Kolding, einer mir bekannten Hafenstadt im Südosten Jütlands losgefahren sei. Er wolle bis zum Wochenende nach Korfu fahren, um dort die Familie seines Bruders, der dort einen Souvenirladen betreibt nach langen Jahren wieder einmal aufsuchen.

Dann besieht er sich die große Landkarte an der Längsseite unseres dreiundfünfzigjährigen Bauwagens, wo unsere damalige Reiseroute fett eingezeichnet ist und rülpst mehrere Male vernehmlich, bevor er uns seinen Respekt ausspricht. In Dänisch und das klingt einfach lustig. Das Rülpsen!

Er liebe eher das schnelle Reisen und könne sich partout nicht vorstellen, dass Menschen sich so kasteien können, mit nur 20 km/h voranzukommen. Immer wieder schüttelt er den Kopf und murmelt etwas wie „irre Deutsche" in seinen Schnauzbart. Ich gebe ihm insgeheim Recht, sind wir beide doch ein bisschen Gaga, aber glücklich und zufrieden mit unseren bisherigen Entscheidungen und den Genuss der gewollten Langsamkeit.

Als er dann auf einem kleinen Aushang außen am Bauwagen liest, dass ich über diese Mammuttour zwei Reiseabenteuerbücher geschrieben habe und die Bücher bei mir erhältlich seien, kauft er mir sofort den ersten, bebilderten, 260 Seiten starken Band ab und verschwindet wieder in seiner Minibehausung. Dänemark nimmt einen größeren Teil in diesem Buch ein.

Es wird ihn neugierig gemacht haben. Es ist schon später Abend, ich drehe meine letzte Voreinschlafrunde um das Gelände, schaue ich im Vorbeigehen in seinen geöffneten Zelteingang. Da hockt der alte Däne mit übereinander geschlagenen Beinen bei Stablampenlicht auf seiner Isomatte und … hält mein Buch aufgeschlagen in den Händen und raucht einen Joint. Das glaube ich fast nicht.

Ein Däne, der kaum deutsch spricht, liest nächtens über die Abenteuer zweier ausgeflippten Deutschen. Scheinbar liest er besser als er sich verbal ausdrücken kann. Er bemerkt mich nicht. Am nächsten Morgen ist mein dänischer Freund schon verschwunden als ich aufstehe. Im Halbschlaf, so erinnere ich mich, habe ich gegen sechs Uhr ein Motorrad starten hören. Der Ärmste, will er doch schnell weg von den verrückten Nachbarn. An unserer Bauwagentür klebt ein Zettel mit der ungelenken Aufschrift: „tak for die Buch."

So erleben wir immer wieder mal Dinge und Begebenheiten, die uns überraschen und erfreuen. Ich vergaß fast zu erwähnen, dass ich mit den Campingplatzinhabern seinerzeit telefonisch eine Vereinbarung getroffen hatte, dass ich in der geräumigen Campingplatzgaststätte an einem Samstagabend eine Autorenlesung halten wolle. Das wäre die zweite in Folge auf einem Campingplatz. Bietet sich ja nun an.

Laptop und Beamer für die 150 Fotos, die während meines Vortrages durchlaufen habe ich immer dabei. Man weiß ja nie! Und Bücher. Bücher führe ich immer mit mir.

An diesem bewussten Samstag gegen Mittag bog dann ein schickes, finnisches Wohnmobil in unsere Stellplatzgasse ein. Heraus stieg ein Paar, sicher schon lange im Ruhestand, winkte uns zu und ging schnurstracks ins Gasthaus, um sich zu stärken. Nach einer ganzen Weile, ich klebte gerade einen schönen bunten Aufkleber auf eine gerade noch freie Stelle auf die Motorhaube unseres Ackerboliden, kamen beide mit zaghaften Schritten näher heran und entdeckten sogleich mit Staunen, dass auch mehrere Aufkleber aus Finnland auf dem roten Blech prangten.

„Tatsächlich, Sie sind es wirklich!" erreichte mich die etwas zu hohe Stimme der weißhaarigen Finnin in verständlichem Deutsch. Ich stutzte. Diese Finnin sprach tatsächlich meine Muttersprache und die gar nicht so schlecht und schien uns dazu auch noch zu kennen. Ich war verblüfft. Mehr als das. Ich stand nur da und tat rein gar nichts, um Licht ins nebulöse Dunkel zu bringen. Sie stellten sich mit einem Handschlag vor: „Wir sind **Eemeli und Milla Häämäläiinen** aus Kouvola und auf der Durchreise nach Kroatien!" „Donnerwetter!" entfuhr es mir. „Das ist aber eine gewaltige Strecke." „Und, und Kouvola, nahe der Hauptstadt Helsinki kennen wir recht gut."

„Wir haben da vor sechs Jahren am Rande von Kouvola zwei Tage Rast auf dem dortigen, städtischen Campingplatz gemacht auf unserem Ausflug ans Mittelmeer!" fuhr ich fort.

„Ans Mittelmeer?" Sie hob erstaunt ihre Augenbrauen und übersetzte ihrem Mann, der keine Silbe Deutsch verstand, die Unterhaltung. Meine Frau gesellte sich dann irgendwann auch dazu und bekam das Folgende, das sie ebenso überraschte wie mich, hautnah mit. „Dann kennen wir Sie tatsächlich," meinte mit Überzeugung die Finnin weiter.

„Wir sahen Ihr Gespann in unserer Tageszeitung in Südfinnland mit einer kurzen Untertitelung und haben lange in unserer Familie darüber diskutiert, was das wohl für Leute sein mögen, die da mit einem Traktor die Welt bereisen."

„Aber dass wir Sie heute hier leibhaftig treffen, ist mehr als ein Zufall," ergänzte sie abschließend und schüttelte uns beiden die Hände. Auch ihr Mann tat Gleiches, aber er folgte sicher nur seiner Frau, ohne viel erfasst zu haben.

„Ich glaube, ich habe da was für Sie, was Sie erstaunen wird" sagte ich. „Bitte kommen Sie einmal zu uns herein in die gute Stube." Die beiden ließen es sich, sehr wissbegierig geworden nicht zweimal sagen und folgten uns über die Bauwagentreppe in unser Reich. An einer Wandseite im Inneren des Wagens über der rot gepolsterten Eckbank hing unter anderen, wenigen Zeitungsartikeln das Foto, das die Finnen noch in Erinnerung hatten.

Mehr oder weniger Zufall, dass ich gerade damals diesen finnischen Zeitungsartikel laminiert mit Heftzwecken an die Bretterwand gepinnt hatte.

Ein Reporter hatte uns offenbar auf einer südfinnischen Landstraße unbemerkt von uns ins Visier genommen, aber natürlich nichts über die Hintergründe unserer Reise erklären können.

Das Erstaunen der beiden Finnen war groß, als sie denselben Artikel, den sie damals in ihrer Zeitung vorfanden bei uns wiedersahen. Ein längeres Gespräch bahnte sich nun an, immer kurz unterbrochen von den Übersetzungsversuchen von Milla. Eemeli nickte nur immer zustimmend.

Eine gute Tasse Kaffee und ein paar dargereichte Kekse rundeten unsere Konversation ab und ich vergaß fast, die beiden netten Finnen zu meiner Lesung einzuladen. Der Abend kam.

Etwa 25 Besucher hatten sich eingefunden und warteten auf den Vortrag. Einige Dauergäste des Campingplatzes, zwei holländische Paare, das Schweizer Pärchen, ein Ungar mit seiner deutschen Freundin und sogar ein waschechter Bayer und andere wilde Zeitgenossen hatten sich eingefunden.

Kurz vor Beginn, der bulgarische Pächter des Lokals versorgte mit seiner Crew die durstigen Gäste mit Getränken und kleinen Imbissen, betraten zu guter Letzt noch die beiden Finnen den Gastraum und nahmen nahe der aufgestellten Leinwand und kurz vor dem Lesepult Platz. Welch eine Freude!

Ein (fast) internationales Publikum, das passend zu Kebab und Soljanka mucksmäuschenstill meinen Ausführungen lauschte. Doch Milla übersetzte ihrem Eemili einige Redepassagen nicht gerade leise, was dazu führte, dass häufig ein ausländisch gezischtes pst, pst oder auch ein tsp, tsp den Raum ausfüllte. Ich verstand. Besonders dann, als ich ausführlich über unsere Eindrücke und Eskapaden in Finnland referierte.

Doch bis zum Schluss der 70minütigen Lesung ging alles gut.

Niemand verließ vor dem Ende den Raum und wir konnten mit einigen Besuchern gute Gespräche bis spätabends bei einem Bierchen (es könnten auch zwei gewesen sein) führen und erfahren, was andere schon auf Reisen erlebt hatten.

Ganz nebenbei konnte ich auch noch ein paar Bücher an den Mann oder an die Frau bringen. Auch an die Finnen.

Sogar mit Widmung.

Am folgenden verschlafenen Morgen, es regnete etwas, waren die Finnländer schon wieder am Aufbrechen. Der Süden lockte. Und doch kam noch ein weiteres kurzes Gespräch zustande. Milla erzählte, ihr jüngster Sohn, Mitte 40, besäße auch einen Traktor und sogar einen mit Allrad, einen blauen Valtra. Dieser Sohn, ein Farmer, plante schon lange, ebenfalls eine Reise anzutreten mit einem angehängten Caravan. Aber natürlich keine 17000 Kilometer, meinte Milla überzeugend. Eben nur einmal um ganz Finnland herum, um die Grenzen kennen zu lernen. Ich fand dieses Vorhaben sehr spannend und ließ dem Sohn unbekannterweise Grüße von uns ausrichten. Er würde mit mir garantiert Kontakt aufnehmen, wenn ich meine Adresse daließe. Gerne machte ich alle Angaben, gab noch eine Visitenkarte dazu und freute mich auf den zukünftigen Informationsaustausch mit dem Finnenmann aus Kouvola.

Nach einem lauten und herzlichen „turvallista matkaa", dass ich den Davonziehenden zurief und so viel wie „gute Reise" heißt, leerte sich der Stellplatz nebenan und wir beide hatten genügend Gesprächsstoff während des Frühstückens, den gestrigen Abend noch einmal Revue passieren zu lassen.

Doch bis heute hat sich der Finne mit dem Trecker nicht bei uns gemeldet. Keine E-Mail, keine Post, kein Anruf! Macht nichts! Vielleicht hat es sich der junge Mann anders überlegt oder er ist Vater geworden oder er hat die Landwirtschaft aufgegeben oder er traut sich einfach nicht, uns zu kontaktieren.

Dieser Urlaub in frischer, niedersächsischer Landluft war wieder einmal eine Bereicherung für uns.

Was gibt es Schöneres auf dieser Welt, als andere Zeitgenossen aus anderen Ländern kennen, verstehen und schätzen zu lernen. Die Erinnerung bleibt. Die … kann uns niemand nehmen.

Mit dem Schweizer Pärchen stehen wir heute noch in Verbindung. Für unsere Zukunft gilt aber nach wie vor weiterhin der Satz und der Entschluss:

„Wir lassen den Stau hinter uns!"

Die neue Hüfte

Ein Mensch, kommt er ins Krankenhaus
Denkt, ach, wär' ich doch schon Zuhaus.
Verkriecht sich tief ins Bett voll Kummer
Und wird von Stund an immer stummer.

Verdrängt sein altbekanntes Leiden
Und hofft, der Arzt vergisst das Schneiden.

Am ERSTEN Tag fragt man, oh Graus
Wo's zwickt und zwackt und quetscht ihn aus.

Dann steigt in sein Gesicht die Hitze
Es naht die Schwester mit der Spritze.

Wie geht's uns denn, darf ich mal seh'n
Fünf Röhrchen Blut, ich danke schön.

Am ZWEITEN Tag bleibt's Essen fern
Laut knurrend regt sich das Gedärm.

Entlastet nun von allem Guten
Lässt ihn noch Schlimmeres vermuten.

Und nebenan stöhnt unbefangen
Ein Opfer, wie es ihm ergangen.

Am DRITTEN Tag, es naht die Stunde
Verspürt er nur noch Durst im Munde.

Macht's gut, ihr Lieben, ich erbitt'
Mir einen nicht so tiefen Schnitt.

Es summt der Kopf, es dröhnt das Herz
In Furcht vor'm Leide und vor'm Schmerz.

Der Doktor schnauft, ich zähl' bis zehn
Dann wer'n Se nur noch Sternlein seh'n.

Am VIERTEN Tag der Mensch erwacht
Aus der Narkose und...er lacht.

Bekommt alsbald etwas zu saufen
Und staunt, fast kann er wieder laufen.

Verwandte kommen und sie sitzen
Am Bettrand, wo sie mächtig schwitzen.

Am FÜNFTEN Tag geht er manierlich
Den Gang entlang ganz ungebührlich.

Die Zeit wird lang, es kommt der Tag
Wo er hier nicht mehr bleiben mag.

Der Doktor krächzt, war's hier nicht schön
Na dann, auf Nimmerwiederseh'n.

Ein Mensch kommt aus dem Krankenhaus
Denkt, ach, wie schön ist's doch Zuhaus.

Vom Spritzen ist sein Hintern wund
Jedoch das and're... ist gesund.

Die Veränderung

Ein Mensch
bedacht auf Etikette
liegt grübelnd rum in seinem Bette
Ihm liegt sehr viel an der Manier
und an der guten Sitten Zier.

So übt er fleißig am Betragen
dass niemand über ihn muss klagen
und achtet sehr auf sein Benimm
und meidet jeden bösen Grimm.

Das Leben hatte ihm gelehrt
mit Höflichkeit man besser fährt
denn Rücksichtnahme ist ein Muss
und Dreistigkeit bringt nur Verdruss.

Ein Leben lang ganz Kavalier
bescheiden, nett und ohne Gier.

Da liegt er nun ganz ungestört
in seinem Bett und ist empört
da offenbar zwei junge Frauen
mit bösen Worten um sich hauen.

Direkt vor seiner Wohnungstüre
laut keifend wie zwei Alphatiere.

Er springt aus seinem Bett geschwind
reißt auf die Tür total verstimmt

und brüllt: ihr Hexen ihr, ihr Schlampen
dass Fenster beben und auch Lampen.

Vergisst die gute Kinderstube
sein Groll will raus aus tiefster Grube.

Bald herrscht nun wieder Ruh im Haus
doch schämt er sich ob seinem Graus.

Er war bedacht auf Etikette
doch nicht vor seiner Ruhestätte.

Der Mann mit Vorsätzen beladen
hat sich partout nicht gut betragen.
Als Mensch dacht' er, wär' er perfekt
Weiss jetzt, was tief im Innern steckt.

Und sehr geläutert schläft er ein
gelöst von aller Sitten Pein.

Und die Moral von der Geschicht'
gar oft man seinen Vorsatz bricht
wenn wilde Weiber lautstark toben
dann wird auch mal die Stimm' erhoben.

Dollbohrer

Ein Mensch

versuchte sich im Bohren
und bohrt sich Löcher in die Ohren

auch in die Unterlipp' er bohrt
setzt dann das Bohren nasal fort

sogar die Zung' bekommt ein Loch
nun zieht die Augenbrau'n er hoch

sogleich entsteh'n zwei tiefe Höhlen
auch seine Wangen tut er pfählen

und am End' hat in den Wunden
sich viel schnöder Schmuck befunden

Der Mensch
vor Stolz er fast zerbirst
hat sich nun gänzlich eingepierct

er wird von weitem schon erkannt
Dollbohrer wird er nun genannt

Und die Moral von dem Spektakel
wer löchrig lebt hat oft ,n Makel.

Erstens kommt es anders…

Es ist zu einem täglichen Ritual geworden.
Nicht, dass es unsere Gemeinsamkeit stören würde.
Nein, ganz im Gegenteil!
Sie fördert das Verständnis um unsere eigenen, individuellen inneren Uhren. Rituale erzeugen in uns Menschen eine gewisse Verlässlichkeit, eine Bodenhaftung, derer wir alle mehr oder weniger bedürfen. Es hatte sich einfach vor ein paar Jahren, seitdem ich berentet bin, so ganz nebenbei bei uns eingeschlichen. Oder, um bei der Wahrheit zu bleiben bei mir und meinen Gewohnheiten. Aber dazu später.
Aber wir beide waren es eben gewohnt und nichts konnte das tägliche, wiederkehrende Ritual stören.
Nun gut, andere Paare lieben vielleicht eher die Veränderungen, die Überraschungen, das Ausbrechen aus dem Alltagstrott.
Nicht so aber wir! So gibt es in unserer trauten Zweisamkeit eine erste, allenfalls aber unbeabsichtigte und kaum steuerbare Regel, was die Zubettgehzeit angeht.
Ganz unmodern, oder auch neudeutsch „out" sind wir ganz bestimmt, da wir nur einen gemeinsamen Schlafraum haben und nur ein gemeinsames Bett zum Nächtigen benutzen.
Und dieses Möbelstück besuchen wir zu sehr unterschiedlichen Zeiten. Wie bekannt, gibt es zwei Gruppen von Menschen, deren Schlaf-Wach-Rhythmus sich voneinander stark unterscheidet. Die einen nennt man Eulen. Dazu zähle ich meine Ehefrau. Die zweite Gattung Mensch bezeichnet man als Lerchen. Eulen haben die nicht immer angenehme Eigenschaft, möglichst spät zu Bett zu gehen ohne verstehende Rücksicht auf den Lebenspartner, der den Lerchen zugesprochen wird.
Umgekehrt ist es genauso.

Natürlich haben die Eulen dasselbe Schlafbedürfnis wie die Lerchen, wenn der hauseigene Sandmann seine segensreiche, entspannende Tätigkeit beginnt. Es gibt da nur einen klitzekleinen Unterschied zwischen Eulen und Lerchen.
Und der kann sich folgenschwer und nachhaltig auf das Zusammenleben auswirken. Eulen zählen zu den Spätaufstehern und Langschläfern. Lerchen dagegen werden schon am frühen Abend sehr müde und es treibt sie spätestens gegen 22 Uhr gähnend ins Schlafgemach, um sich von Freund Sandmann einlullen zu lassen. Dafür wachen sie schon zeitig am Morgen, etwa gegen sieben Uhr erfrischt und erholt auf, um dem Tag ausgeschlafen zu begegnen. Das tut die Eule natürlich auch.
Ich meine, Aufwachen und erholt sein.
Nur eben eine ganze Weile später, etwa erst gegen neun Uhr.
So spielt sich vieles, nicht immer Sinnvolles oder für andere Nachvollziehbares in einer langjährigen Beziehung ein und nichts kann den Hausfrieden stören, wenn man bereit ist, Toleranz vorzutäuschen. Mein Tag beginnt meist schon kurz vor Sieben, wenn das erst, fahle Morgenlicht durch das nicht abgedunkelte Schlafzimmerfenster fällt. Da hat sich doch schon wieder in der Nacht eine dicke Schmeißfliege zwischen dem vor die Scheibe befestigten Fliegenschutzgitter verfangen und summt ungebührlich laut in Richtung meines gerade erwachten Gehörs.
Die Blase drückt, die Zunge klebt am Gaumen, die Nase will geschnäuzt werden und der Magen meldet sich mit einem vernehmlich anhaltenden Grummeln. Hoffentlich hat meine Eule von all den unangenehmen, nervigen Morgengeräuschen nichts mitbekommen, denke ich dann und wälze mich fast lautlos, seitwärts abrollend und mit dem rechten Ellenbogen auf den Bettrand stützend aus der wohlig warmen Sommerdecke.
Es gibt auch eine „Winterseite", aber die kann noch warten.

Und Federn sind out. Die hatten mal meine Großeltern, um den Nachtfrösten im Schlafraum zu entgehen.

So weit sind wir „in", denke ich und schließe die Schlafzimmertür mit einem leisen „plock" hinter mir. Geschafft!

Unsere liebe Hündin hat dieses mein tägliches Ritual natürlich von Anfang an sofort durchschaut und schwups steht sie mit mir mit ein paar Tippelschritten vor der verriegelten Haustür und verlangt von mir mit freudig wedelnder Rute zur Erleichterung ihrer Bedürfnisse freien Austritt. Danach erst billigt sie mir zu, mich ebenfalls, aber in einer anderen Umgebung zu erleichtern. Nach dem obligatorischen Duschen, unsere treue Hündin hat sich inzwischen in ihrem Kuschelkörbchen im Wohnzimmer neben der Heizung zusammengerollt und schnarcht vernehmlich, so dass ich befürchte, die Eule könne dadurch wach werden, nimmt der begonnene Tag seinen Lauf.

Dann öffne ich die Terrassentür und … wie erwartet springen 1, 2, 3 ausgewachsene Kater in die gute Stube in Richtung der kleinen Küche, wo ich ihr Morgenmahl an drei unterschiedlichen Fressplätzen gleich vorbereiten werde.

Truthahn in Aspik lese ich da auf der Packung. Na ja, wem es schmeckt. Tick, Trick und Track wären auch schöne Namen für unser buntes Trio gewesen, doch die Kater zogen einst in großen zeitlichen Abständen bei uns ein. So heißt der Rote Simba, der Graue Max und der Schneeweiße Blacky.

Letzterer war mal vor 16 Jahren bei der Namensnennung eine spontane Eingebung von mir. Meine Eule frug mich nun seinerzeit: „Warum eigentlich ‚Blacky?"

Ich antwortete: „Da kommt man ganz sicher mit den Leuten schneller ins Gespräch, wenn ich den Kater rufe!"

So ist es auch dann gewesen. Aber ich merke, ich schweife ab. Leider viel zu oft, wenn mich die Schreiblust packt.

Eine Regel, zu der ich jetzt komme und die seit Jahren Bestand-
teil unseres Tagesrhythmus geworden ist, ist folgende:
Nachdem ich in völliger Ruhe, nur sporadisch gestört durch
Stauansagen im Radio ergiebig unsere Tageszeitung bei leiser
Schlagermusik meines Lieblingssenders durchstöbert habe, (al-
tersgemäß fällt mein Blick oft zuerst auf die Todesanzeigen) und
ich danach im Garten die bunten Fische in unseren drei Teichen
verköstigt habe, (unsere Hündin Lexi erleichtert sich dann meist
ein zweites Mal), pflücke ich ein wenig Sauerampfer vom Kräu-
tergärtchen, ein paar Himbeeren und einen Büschel Löwenzahn
und lege die drei Köstlichkeiten unserer Landschildkröte vor,
die schon ihren Kopf reckt, wenn ich nur als ihr langjähriger
Pfleger in ihre Nähe komme. Seit fast 57 Jahren ist sie panzerfes-
ter Bestandteil unserer Familie. Ein heikler, aber auch liebens-
würdiger und ruhiger Pflegling. Schnell noch danach die Haare
geföhnt, den dünnen Pferdeschwanz in altersgerechtem Fried-
hofsblond zusammengebunden und die Gesichtsrasur vorge-
nommen. So beginnt in aller Regel mein unaufgeregter Rentner-
alltag. Alltag eben! Aber …halt voller Rituale!
Die Wanduhr tickt, die Lerchen stehen hoch am Himmel über
den wogenden Kornfeldern und ich schaue auf die Zeitansage
auf meinen Laptop.
Da, endlich öffnet sich die Schlafzimmertür und die Eule tritt
blinzelnd und noch unausgeruht gähnend die Szene.
Mit einem knappen „Morgen" verlässt sie das Schlafgemach
und schließt die Badezimmertür hinter sich mit einem satten
„plopp". Was wird es heute zum Mittag zu essen geben ist mein
nächster, existentieller Gedanke. Ich habe fast immer nach vier
Stunden Essenspause wieder Hunger und sie … wird erst jetzt
weit nach neun frühstücken.
Nun denn, ein Joghurt zwischendurch hat mir schon oft über
die Hungerdurststrecke geholfen.

Ich habe nun bei meinen jahrelangen hausinternen Forschungen der weiblichen Morgentoilette in Bezug auf Zeit herausgefunden, dass Frauen etwa eine halbe Stunde brauchen, um stilvoll und adrett der Umwelt zu begegnen.

Ich dagegen lege weniger Wert auf Stil und verbrauche morgens im Bad nur insgesamt etwa 15 Minuten, das Nasehaareschneiden eingeschlossen. Doch eine harmonische, ausgewogene Regelmäßigkeit und ein Gleichmaß aller Tätigkeiten macht auch im Badezimmer nicht halt.

Circa 20 Minuten, nachdem ich die elektrische Zahnbürste im gewohnten Morgenblues vernommen habe und auch das harte Zuklicken des „Bodymilkflaschenverschlusses" vernommen habe, stelle ich Teewasser auf. In etwa 5-7 Minuten wird sich die Tür öffnen. Fünf Pillen Süßstoff kommen dann in eine große Teetasse und ich schneide eine Schnitte Brot mit der Brotmaschine ab. Ja nicht zu dick, damit ich dem Tadel entgehe, der dann garantiert folgen würde. Ja, meine Eule hat schon von Anfang an gewusst, dass eine gute Erziehung das A und O in einer Zweisamkeit ist. Ich stelle dann ritualmäßig die gefüllte, dampfende Tasse mit Brot, Brettchen, Butter und Marmelade auf ihren Essplatz und warte geduldig ab. Im Alter wird man ja in der Regel weise und hat gelernt, sich seiner „Zuchtmeisterin" zu fügen. 25 Minuten im Schnitt braucht meine Eule, um gestylt und frisch frisiert dem Bad zu entfliehen, um sich danach für mein vorbereitetes Frühstück zu bedanken. Die Tageszeitung liegt aufgeschlagen neben dem Streichmesser und dem Brillenputztuch. Das Radio habe ich sicherheitshalber noch leiser gedreht, um ihre Konzentration beim Lesen nicht über zu beanspruchen. Wenn es aber wider Erwarten mal 26 oder sogar 27 Minuten bei ihr im Badezimmer dauert, hat sie sich sicher noch schnell die Augenbrauen gezupft oder eine frische Toilettenpapierrolle der Nachhaltigkeit wegen aufgehängt.

Einige Passagen habe ich in der Zeitung angestrichen. Meist, wenn sich bei dem Schreiber des Artikels in seinem Bericht oder sogar in der fettgedruckten Überschrift ein gewaltiger orthographischer oder sinnentstellender Fehler eingeschlichen hat. Das bringt mich zuweilen auf die Palme. Meine Eule ebenso, aber nur deswegen, weil ich penetrant so manch einen Fehler entdecke und die Zeitung „verkritzele", wie sie meint. Gibt es denn keine Lektoren mehr? So viel zu unserem morgendlichen Ritual. Ist nicht sehr spannend, was? Ein Krimi liest sich sicher besser.

Ich scheue mich aber schon von jeher, in Abgründen zu stöbern und mich darüber auszulassen. Lieber berichte ich von realitätsnahen Abgründen. Doch eines schönen Tages, ich glaube, es war Mitte Juli kam alles anders. Alles? Alles!

Wie gewohnt, begann mein Tag mit selbstverständlichen Ritualen. Die Sonne schien in Strömen, es wurde nur sehr zögerlich hell und ein rauer Wind pfiff durch die Türritzen. Bloß nicht die Eule aufwecken war mein Bestreben und ich stellte, weil sie um neun Uhr noch nicht aufstand, schon mal das Teewasser an. Dann kam die Sonne hervor, die Lerchen trällerten, der Hund löste sich ein drittes Mal, (fast wäre ich im hohen Gras darüber gestolpert), die Fische schnappten nach Insekten, die Kater schnurrten um die Wette und die Schildkröte, unsere gute alte Susi, schmollte und hatte ihr Futter noch nicht angerührt.

Es wurde 10 nach 9 und ich zögerte noch, den Teebeutel in drei kleinen Schüben zu überbrühen. Nicht, dass der Schwarztee zu kalt wird und das Brot zu trocken, wenn sie sich an den gedeckten Frühstückstisch setzt. Die regionalen Zwischennachrichten um halb zehn rissen mich aus meinen Gedanken. So spät schon? Ich war ganz aufgeregt. Nun gut, wer schläft, sündigt nicht. Ich weiß, sie ist erst nach Mitternacht zu Bett gegangen.

Irgendeine Endlosserie mit dem Titel „der wandernde Tod", die sie sich zu gerne zu später Stunde anschaut hat sie wohl so aufgewühlt, dass sie nicht in den Schlaf finden konnte.

Ich füttere ausnahmsweise mal unsere Hündin mit einem getrockneten, erbärmlich riechenden Schweinsohr, weil ich mit der umfangreichen Spezialfuttermischung, die meine Eule sonst zusammen mischt, nicht klarkomme.

Ich wartete einfach angespannt und schon leicht verärgert auf das alltäglich gegähnte „Morgen" meiner Eule.

Da plötzlich läutete es an der Haustür. So früh schon Besuch? Eventuell die Nachbarin, die uns einen frisch geernteten Kopf Salat bringen möchte?

Das passte mir so gar nicht in den Kram und ich ließ es noch ein zweites Mal an der Haustür klingeln. Diesmal klang das Läuten schon energischer. Nun wird die Eule von dem lauten Geräusch sicher sehr unsanft aus dem Tiefschlaf gerissen werden.

Auf der einen Seite wäre es ja gut, aber …

Ich öffne die Haustür einen Spaltbreit und schaue auf den Besucher. Fröhlich, mit einem aufgeweckten „Guten Morgen, mein Schatz" begrüßte mich … meine Frau, die Nachteule, wie ich sie insgeheim nannte.

Mir fuhr der Schreck gehörig in die Glieder, die Hündin wedelte ungehörig mit dem Schwanz, die Goldfische schnappten nach Luft und ich stand mit offenem Mund und sprachlos vor meiner … Frau.

Eine Fata Morgana? Der Beginn einer Altersdemenz? Halluzinationen? Wenig später, als sie am Tisch saß, atmete ich sehr erleichtert auf als sie sagte: „Alles in Ordnung bei mir, hat der Facharzt in Kassel zu mir gesagt!"

„Du hast wohl nicht bemerkt, dass ich schon wegen des auch dir bekannten Termins schon vor 6 Uhr aufgestanden bin."

„Du hast so schön und fest geschlafen, da wollte ich dich nicht wecken und ich bin ganz leise aufgestanden, so wie du es auch immer machst." Mein Hals wurde trocken.

Irgendjemand rüttelte mich sehr unsanft an meiner Schulter und mein Schnarchen verstummte abrupt.

„Was hast du denn da mal wieder geträumt?" hörte ich eine bekannte Stimme neben mir und eine Hand strich mir zärtlich eine Haarsträhne von der verklebten Stirn.

„Geträumt?" murmelte ich schlaftrunken. „Geträumt?"

„Ja, du hast schon eine ganze Weile, aber sehr verwaschen im Schlaf laut gesprochen und gestöhnt und dich wie ein Gehetzter im Bett herumgewälzt" antwortete sie, die Eule.

Ihre Worte brachten mich auf den Boden der Tatsachen zurück, oder besser, auf die Matratze, auf der ich selig oder auch eher weniger selig geschlummert hatte.

So plastisch, bildreich und wirklichkeitsnah hatte ich noch nie einen Traum erlebt.

Oder war es doch Realität?

Dumm gelaufen

Ein Mensch im inneren Zerwürfnis
bemerkt ein menschliches Bedürfnis
Er kann sich kaum noch fortbewegen
denn jeder Schritt ist frei von Segen.

Sehr stark er nun die Schlange hasse
denn alles strebt zur Abendkasse
steht er doch leidend hintenan
kaum er noch an sich halten kann.
Nur noch zehn Meter bis zur Pforte
bis zum ersehnt gewissen Orte
Jedoch der Saal hat Überfüllung
Sein Druck kommt nicht zur seichten Stillung.

So tippelt er erhitzt und bänglich
im Innern gluckst es überschwänglich
weil alles was nun eingezwängt
mit großer Macht nach außen drängt.
Die Kasse schließt vor seiner Nase
und rückhaltlos hämmert die Blase
Viel hat sich in ihm angereichert
doch plötzlich scheint er sehr erleichtert.

Ein dunkler Fleck vor dunklen Wolken
nun fühlt er sich wie ausgemolken
Es ist zwar etwas dumm gelaufen
doch lohnt's nicht sich das Haar zu raufen.

Der Mensch entleert von allem Beben
beschloss doch besser nachzugeben.

Falscher Rückzieher

Ein Mensch
bedacht nicht anzuecken
möcht' lieber sich zu Haus verstecken
um allem aus dem Weg zu geh'n
es wird ihn eh niemand versteh'n.

In manchen Fettnapf trat er rein
und litt hernach recht große Pein
versucht nun stets sich rauszuhalten
und reduzier'n die Sorgenfalten.

Jedoch auch wie er's dreht und wendet
ein Rückzug hat nie gut geendet
denn schlecht gestimmt hockt er im Bette
verzagt weil niemand ihn errette.

Vor Angst und Kummer gramerfüllt
er sich dann ganz in Schweigen hüllt.

Ein Mensch bedacht nicht anzuecken
kann sich nicht grad mit Ruhm bedecken.

Wer sich verkriecht in dust'rer Kammer
lebt ungesund mit Katzenjammer.
Somit ist klar in Einsamkeit
bleibt man betrübt und kommt nicht weit.

Kreislauf

Ein Mensch beleibt und kugelrund
besorgt sich einen kleinen Hund
mit diesem dreht er seine Runden
will runterkommen von den Pfunden.

Der Kleine wird recht gut bemüttert
und täglich fünf sechsmal gefüttert
damit er stark und kräftig bleibt
der Hund ist ebenso beleibt.

Er selbst ist schon nach ein paar Wochen
ganz dürr und nur noch Haut und Knochen
der Hund führt nun ein Hundeleben
hat ihm die Pfunde abgegeben.

Der Mensch der meint es mit sich gut
jedoch das Gute ist nicht gut
sein Hund ist lang schon nicht mehr munter
muss schnellstens auch von Pfunden runter.
Wie man's auch macht ist's selten richtig
am End' bleibt einer sehr gewichtig.

Prinzessin Daisy

Es war an einem ganz normalen Dienstag.
Ich stand im Garten vor unserem Haus auf einer Trittleiter mit
einer Rosenschere in der rechten Hand.
Es stürmte und es fing an leicht zu nieseln.
Die letzten braunen Blätter von unseren Buschbäumen hatten es
nicht schwer zu Boden zu schweben.
Wir hatten wahrlich eine grandiose Ernte in diesem besonders
trockenen Jahr.
Äpfel, Pflaumen, Zwetschgen, Johannisbeeren und Mirabellen
fanden ihre Verwendung in ungezählte Marmeladengläser und
würden uns sicher die nächsten 3 bis 4 Jahre mit köstlichem
Brotaufstrich versorgen.
Aus den Augenwinkeln heraus sah ich einen älteren Herrn mit
einem kleinen weißen Pudel heran schlurfen.
Heute war wieder „Hundetag.“
Unsere junge Nachbarin von gegenüber verdiente sich unter an-
derem ihr Geld mit einem kleinen Hundesalon im Anbau des
Hauses, wo sie an diesem Wochentag und an anderen Tagen auf
Bestellung immer einige sehr große zottelige und sehr kleine
wollene Hunde verschönerte und ihr Fell gekonnt stutzte.
Auch Pediküre und Bartschur waren ihre Passion.
Der Herr kam näher, nickte mir kurz zu, indem er seinen Hut
nach alter Manier kurz lüftete und steuerte den Salon an, um
seinen Hund für die etwa einstündige Prozedur abzusetzen.
Gerade war ich im Begriff, den ersten Verjüngungsschnitt am
Obstgehölz vorzunehmen, als der alte Mann mit einem lauten
Zuruf auf mich zu kam und mir Einhalt gebot.
„Halt, halt, junger Mann! Nicht doch!“

„Man schneidet nie im November, sondern erst im zeitigen Frühjahr!" Ich horchte auf und hob meinen Kopf, um ihn durch den scharfen Wind besser verstehen zu können. Er stellte sich umständlich vor, nachdem er sich wortreich für die Unterbrechung entschuldigt hatte. Sein verschlissener Trenchcoat flatterte im Wind und seine schwarzen, viel zu kurzen Anzughosen mit breitem, abgewetzten Hosensaum offenbarten ein paar dunkel gemusterte Socken, die in eleganten, aber viel zu spitzen Straßenschuhen steckten.

Wir kamen ins Gespräch über das Wachstum der Bäume und über das derzeitige Wetter, das aber nicht lange andauerte, da es inzwischen anfing zu regnen.

Sein zerfurchtes Gesicht und die schlohweißen, langen Haare, die rechts und links unter dem Hut verwegen hervor lugten und sein gesamtes Äußeres erinnerten mich an die Abbildung eines Clochards. Kurzum, er war mir sympathisch, gerade wegen seines Aussehens und seiner ruhigen, besonnenen Art zu reden und … er machte mich neugierig.

Ich lud ihn geradewegs zu einer Tasse Tee in unser Haus ein. Er zögerte erst kurz, dann gab er aber meinem Drängen nach und wenig später saßen wir uns am Esszimmertisch gegenüber und plauderten.

Von Beruf war er über 40 Jahre Filialleiter einer Baumschule gewesen und berichtete mit leuchtenden Augen, die unter seinen buschigen Augenbrauen immer größer wurden von kleinen und großen Episoden aus seinem Arbeitsleben und von seiner von ihm innig geliebten, leider verstorbenen Ehefrau, die alle nur „Tante Martha" genannt nannten.

Dann kamen wir auf seinen Hund zu sprechen, wobei er immer mal wieder versuchte, den verrutschten, komplett unmodernen dicken Knoten seiner Krawatte gerade zu rücken.

„Ein etwas trauriges Kapitel," meinte er, auf den schwarzen Pudel bezogen.

„In meiner nächsten Nachbarschaft lebt eine alte, 92-jährige, liebenswürdige Dame, der ich sehr verbunden bin", setzte er fort.

„Unsere kleinen Vorgärtchen grenzen aneinander und ich kümmere mich, wenn mein Rheuma es zulässt um ihre Rosenstöcke und um all die anderen schönen Gewächse in ihrem Ziergarten." „Damit ich nicht ganz einroste," schmunzelte er.

Doch dann veränderte sich seine Miene und die tiefen Falten auf seiner Stirn ließen ihn noch älter aussehen.

„Der Pudel, der Pudel ist leider nicht mein Hund."

„Ich habe ihn nur zur Pflege, eine Gefälligkeit, da die alte Dame kürzlich auf ihrer Kellertreppe gestürzt war und sich einen komplizierten Beinbruch zugezogen hat."

„Nun muss sie für eine längere Zeit in eine Klinik und danach zur weiteren Genesung in eine Reha-Klinik, um wieder gehfähig zu werden."

„Doch ich mache das gerne für sie, habe ich mir doch zeitlebens so einen treuen Wegbegleiter gewünscht." Und er atmete tief auf. „Jedoch meine verstorbene Frau hatte eine Tierhaarallergie und so bin ich bisher ohne Hund durchs Leben gekommen."

„Nun bin ich auf den Hund gekommen",ergänzte er schelmisch und die Furchen in seinem Gesicht glätteten sich langsam wieder. „Ich bin sehr glücklich mit meiner neuen Aufgabe, bekomme ich dadurch auch etwas mehr Bewegung, was meinen alten Knochen sehr guttut."

Nicht erst jetzt hatte er mein Interesse an seiner Person und seinem Hund geweckt. Der Pudel, fiel mir auf, hatte auf der linken Seite nur ein halbes Ohr und ich frug ihn nach der Ursache der Verstümmelung.

„Ein übermütiger Schäferhund hatte meiner Daisy, als sie noch ein Welpe war, so hat es mir die alte Dame erzählt, ein Stück seines Ohres abgebissen."

„Aber das stört Daisy nicht und wenn man nicht so genau hinschaut, fällt es kaum auf."

Längst war die Stunde herum und der alte Herr ging nach Gegenüber, seinen geschorenen Pudel wieder in Empfang zu nehmen, nicht ohne sich bei mir für die Tasse Tee und das nette Gespräch zu bedanken. Er war ein Herr der alten Schule.

„Ich komme in acht Wochen wieder hierher", versprach er und schlurfte von dannen.

Eiseskälte umfing mich und der verharschte Schnee Ende Januar lag im Clinch mit meinem hölzernen Schneeschieber.

Irgendjemand stupste mich unverfroren in die Kniekehlen.

Ich drehte mich erschrocken herum und erblickte ein schwanzwedelndes Etwas, das mir seine nasse Schnauze in die offene Hand presste. Tatsächlich, es war Daisy, die Pudeldame des alten Herrn, der laut rufend hinter seinem Vierbeiner her stapfte und offensichtlich Mühe hatte, seine Balance zu behalten. Auch heute war der Alte wieder im Stil der späten fünfziger Jahre gekleidet mit Ausnahme einer Krawatte, die durch einen grauen, gehäkelten Schal ersetzt war, wie ich sehen konnte.

An seinem linken Oberarm hatte er eine schwarze Trauerbinde befestigt. Ein Relikt aus alten Zeiten, ein Trauersymbol, ein sogenannter Trauerflor, der nur von Männern angelegt wurde und aussagt, dass man öffentlich um einen geschätzten und geliebten Verstorbenen trauert.

Wieder lud ich ihn zu einer Tasse Tee ein und die Reste eines Christstollens fanden rasch ihren vorbestimmten Weg.

Er berichtete, dass seine von ihm sehr geschätzte Nachbarin, die eigentliche Besitzerin Daisys, auch nach der Reha-Maßnahme nicht mehr in der Lage war, alleine zu leben.

Ihr einziger Sohn, der in Hamburg eine Rechtsanwaltskanzlei innehat, hatte seine gebrechliche Mutter zu sich genommen, um mit Hilfe eines Pflegedienstes ihr Weiterleben zu gestalten. Schon nach drei Wochen sei sie aber an Heimweh gestorben, hatte ihm der Sohn kürzlich telefonisch mitgeteilt.

„Ach, daher die Trauerbinde!"

„Und Daisy?" frug ich ablenkend nach.

„Warum ist sie nicht mitgenommen worden?"

Er senkte seinen Kopf und traurig sagte er: "Sie wissen doch sicher, dass junge Leute wenig Zeit für uns Alte haben und Haustiere kosten nun mal Geld."

Und dann schwieg er eine ganze lange Weile.

„Ich habe mich dann sofort angeboten, Daisy zu übernehmen" hub er wieder an zu sprechen und atmete schwer durch.

„Ist doch so ein liebenswerter Hund!"

Mir fiel während des Gesprächs ein, dass wir noch eine größere Menge Trockenfutter von unserem letzten, verstorbenen Hund im Keller lagern hatten und ich gab ihm mehrere Beutel der Knabbereien mit auf seinen Heimweg.

Dankend verabschiedete er sich von mir und meinte: "Im März komme ich wieder zum Hundefrisör und dann würde ich Ihnen gerne meine Hilfe zum Obstbaumschnitt anbieten."

Ich dankte ihm für sein Entgegenkommen und wünschte ihm zum Abschied noch ein gutes Leben für die kommende Zeit, denn so gesund und vital, wie er sich geben wollte, sah er nicht gerade aus. Die Monate vergingen, der Sommer kam.

Ich ließ Astschnitt Astschnitt sein, da ich mir mangels gärtnerischer Kenntnisse diese Arbeit ohne fachliche Hilfe inzwischen nicht mehr zutraute. Das Obst reifte wie immer, nur nicht so üppig wie im Vorjahr und die letzten Blätter fegte der Novembersturm von den Zweigen.

Ein aufgeregtes Freudengebell drang an mein Ohr, als ich gerade vom Einkaufen kam und die Gartentür öffnete.

Vor mir stand, völlig unerwartet: Daisy mit dem halben Ohr.

Die Hündin sprang wie wild an mir hoch, leckte meine Hände und konnte sich kaum noch halten vor Wiedersehensfreude.

Am Ende der knallgelben Laufleine stand ein kleines, blondes Mädchen mit rot gebänderten Zöpfen und rief:

„Prinzessin, pfui, sitz!"

Auch der Mutter des Mädchens, die dahinterstand, war die Annäherung Daisys an mich, einen für sie unbekannten Mann, offenbar nicht recht und sie zog den Hund schnell in Richtung des Hundesalons.

Bevor sie jedoch Daisy dort abgeben konnte, hielt ich sie zurück und wollte von ihr gerne wissen, in welchem Verhältnis sie zu dem alten Mann stünde und warum er nicht selbst wieder vorbeikäme.

Sie erklärte, sie wisse nichts von einem alten Mann.

Sie habe Daisy im März aus einem örtlichen Tierheim geholt, damit ihre Tochter einen Spielgefährten bekäme.

Die Tierheimpfleger wussten aber nicht, woher der Hund plötzlich kam, der angebunden an einen Zaun eines Morgens vor dem Gelände des Tierheims aufgefunden wurde.

Ein Fundhund ohne Vergangenheit, den jemand aufgefunden hatte oder loswerden wollte, meinten die Pfleger.

Doch kurz nach Inobhutnahme von Daisy durch das Tierheim fand sich diese neue Besitzerin mit ihrem Töchterchen.

Ich berichtete den beiden von der mir bekannten Vorgeschichte der Hündin und dass sie eigentlich Daisy hieße.

„Aber wie kommen Sie jetzt gerade zu diesem Hundesalon?" fragte ich die Frau.

„Den Tipp hat mir ein Bekannter gegeben, der schon seit Jahren mit Zufriedenheit seinen Hund dort frisieren lässt."

Die Frau bedankte sich mit Handschlag für meine Geschichte über Daisy und das kleine Mädchen rief lachend aus: „Ab heute soll meine Prinzessin „Prinzessin Daisy heißen!"

Ich fand es einfach toll, wie sich die Dinge entwickelt hatten und machte mir nun aber arge Gedanken über den Verbleib des alten Mannes. Ich hielt es keinesfalls für möglich, dass er seine geliebte Daisy einfach in einer „Nacht -und Nebelaktion" an den Zaun des Tierheimes gebunden haben soll.

Ich begann meine Spurensuche.

Durch die Gespräche mit ihm, wo wir uns einst nähergekommen waren, hatte ich Kenntnis von seinem Namen und seiner Wohnadresse. Einen Tag später fuhr ich dahin.

Sein Name war Gunter Frühling.

Er wohnte in der Kravallestraße 218.

Doch auf dem Klingelschild stand ein ganz anderer Name.

Ich läutete beherzt und voller Ungeduld.

Die Türe öffnete sich und eine Frau mittleren Alters in einer bunt geblümten Kittelschürze trat in Erscheinung.

Ich kam sogleich auf den Grund meines Besuches zu sprechen.

Sie sagte, der alte Mann, der vor ihr als Mieter diese Wohnung innehatte, wäre Anfang Februar verstorben und sein schwarzer Pudel wäre nach seinem Tod, als er die Bestatter erblickte davongelaufen und keiner wisse, wo er abgeblieben war.

Ich klärte sie kurz auf, soweit ich die Vorgeschichte kannte und bedankte mich für ihre Auskunft.

Gerade wollte ich, sehr betreten und nachdenklich das Grundstück wieder verlassen, als mir die Frau von der Haustür aus nachrief: „Einen Moment bitte noch, der Herr. Ich glaube, das könnte Sie interessieren, da Sie Herrchen und Hund doch kannten."

„Wir fanden vor Kurzem einen Briefumschlag unter der alten Fußmatte vor der Haustüre, der adressiert war an …meine liebe Hündin Daisy…"

Wir haben ihn natürlich geöffnet und gelesen, können aber weiter nichts mit ihm anfangen.

„Fast hätten wir den Brief in den Müll geworfen."

Ich dankte und nahm mit zitternden Händen den Brief an mich. Er war wohl etwas feucht geworden und auch die Schrift außen war kaum noch lesbar.

Zu Hause angekommen machte ich mir einen Tee, setzte mich in meinen Lieblingssessel und nahm das Schreiben aus seinem Kuvert. Da stand in steiler Handschrift, fehlerfrei und offenbar mit Herzblut geschrieben:

„Meine liebste Daisy!"

Du bist zwar nur ein Hund, aber ein ganz besonderer.

Durch dich habe ich am Ende meines langen Lebens so viel Schönes erfahren, dass ich dich fast wie ein Mensch, einen Lebenspartner, einen Freund gesehen habe. Ich weiß, du wirst mich sicher überleben, bist noch jung an Jahren.

Irgendwann sind wir wieder vereint, meine treue Freundin, das ist gewiss. Lebe wohl und lebe weiterhin ein „gutes Leben."

Das wünsche ich dir von Herzen.

„Dein Menschenfreund Gunter."

Bewegt und lange über das Gelesene sinnierend legte ich die Trauerbinde beiseite, die dem Umschlag beigefügt war.

Er hat sicher geahnt, gefühlt, gespürt, dass sein Leben endlich war. Und schrieb diesen Brief.

Ich werde „Prinzessin Daisy" sicher noch oft in meinem Leben begegnen.

108

Reingetreten

Ein Mensch
der kommt ganz unumwunden
zu der Erkenntnis dass mit Hunden
sein Leben bisher war erfüllt
und sich hernach in Schweigen hüllt.

Fühlt sich als Herrchen überlegen
denn nur mit Hund bringt's Leben Segen.
So geht er täglich schnellen Schritts
sein Hund vorweg mit Namen „Blitz"
der hechelnd an der langen Leine
dem Halter macht sehr flotte Beine.

Doch wie's so manchmal kommt im Leben
geht mancher Tritt auch mal daneben.
Da liegt er nun mit weher Hüfte
um ihn herum nur üble Düfte
die aus ,nem Haufen ihn umnebeln
und ihn aus allen Träumen hebeln.

Nun sah er schmerzvoll und schachmatt
dass auch ein Hund zwei Seiten hat.
Die Vord're sich um Futter reiße
und hinten, na, was kommt? Nur Sch......

Hier hilft nicht mal ein frommes Beten
Er ist nun mal hineingetreten.
Der Hund der hat ganz ungeniert
des Herrchens Steißbein angeschmiert

Ein Hund
der kommt ganz unumwunden
zu der Erkenntnis dass verbunden
sein Leben bisher war erfüllt
und sich hernach in Schweigen hüllt.

Viel Fleiß – kein Preis

Ein Mensch
pflanzt einen Apfelbaum
schon immer war's sein großer Traum
doch ist das Bäumchen noch recht klein
so gräbt er Pferdeäpfel ein
auch Kaffeesatz soll ihn rasch treiben
und Sellerie in dicken Scheiben
mit weißer Farb' streicht er den Stamm
kein Schadinsekt ihm nun nichts kann
ein Draht umschließt ihn wie ein Schild
soll schützen ihn vor biss'gem Wild
und obenauf setzt er ,ne Haube
zur Abwehr gegen Milbenstaupe
den Regen holt er aus der Kanne
und ist's zu wenig aus der Wanne
schon sieht man erste Blütenpracht
doch hat es kein' Ertrag gebracht
denn aus der Blüt' wurd' keine Frucht
aus war es mit der Apfelzucht
die Bienen taten sich sehr sträuben
die Plastikfolie zu bestäuben
so hat der Mensch nun den Verdruss
und Frust zu allem Überfluss
Zum Schluss: tut man zu viel des Guten
muss man am Ende dafür bluten

Verkehrte Welt

Ein Mensch
hat Lust auf Leberkäse
im Kochbuch er vergeblich lese
dass kein Rezept steht von dergleichen
vermerkt nur unter Minuszeichen.

So geht zum Fleischer er geschwind
„Ja, ein Pfund Leber, gern vom Rind!"
Und weiter geht's zum Käseladen
„Sechs Rollen Brie vom runden Fladen!"

Zu Haus vermengt, nun soll es garen
und ihn vor leerem Darm bewahren.
Zur Nase steigen auf die Düfte
kein Wohlgeruch durchdringt die Lüfte.

Der Käse lief, die Leber quoll
Ein Breikonstrukt in Dur und Moll
Auch vom Geschmack war's sehr fatal
sein Essen ward ihm schnell zur Qual.

So springt er hin zum Fleischerladen
denn nun ist ihm geplatzt der Faden
bestellt sich Leberkäse satt
ganz frisch gegart und außen glatt

Und weiß, was er tat, war vermessen
will nur noch Metzgerware essen
ganz ohne Leber oder Käse
Warum heißt es dann „LEBERKÄSE?"

Und die Moral dieser Erkenntnis
Mit Logik gibt's hier kein Verständnis.

114

Tach, Herr Doktor

Es ist noch gar nicht so lange her, fast schon eine gefühlte Ewigkeit seit meinem eher ungeliebten und doch unvermeidlichen Eintritt in den sogenannten Altersruhestand, da bekam ich durch die Begegnung mit einem befreundeten Künstler Kontakt zu einer alten Dame, die Betonung sollte hier schon auf „Dame" gerichtet werden, die das neunzigste Lebensjahr schon ein paar Monate hinter sich gebracht hatte.

Ihr Name war: Feodora Miller-Korzalek.

In unserer damaligen kleinen Kunstgalerie im Zentrum unseres Städtchens, in der ich gelegentlich mehrmals im Jahr neben meiner beruflichen Haupttätigkeit die unterschiedlichsten Künstler, wie z.B. Maler oder Bildhauer oder Kunstkeramiker zu mehrtägigen Ausstellungen eingeladen und verpflichtet hatte, war mir stets wichtig, dass mindestens ein Musiker den Abend der Vernissage die Exponate thematisch passend untermalte.

Nun hörte ich eben von dieser alten, kinderlos gebliebenen Dame, ihres Zeichens eine ehemalige Orchesterharfenistin und Pianistin, die jahrzehntelang ein geschätztes Ensemblemitglied der Dresdner Philharmonie war und schon fast durch alle Länder dieser Erde getourt war, dass sie einmal sehr gerne einer unserer Ausstellung beiwohnen möchte. Nichts leichter als das! Irgendwann und mit der Zeit entspann sich eine regelrechte Freundschaft zwischen uns.

Viele hochinteressante Geschichten aus ihrem bewegten Leben, ihre Mutter war Sopranistin, ihr Vater Operettenkomponist, hielten mich bei jedem meiner Besuche gefangen.

Allein schon ihre leuchtend dunklen unruhigen Knopfaugen und ihr makellos gepflegtes, pechschwarzes zu einem Dutt gebundenes Haar gaben ihr ein charismatisches Auftreten.

Ihr leicht sächselnder Akzent und die kraftvolle Entschlossenheit in ihrer Stimme ließen einen jeden aufhorchen, der sie kennenlernte.

In ihrem kunstvoll eingerichteten, ehemaligen Bauernhaus stapelten sich unzählige hochwertige Öl- und Aquarellgemälde, die sie als junge Frau erschaffen hatte.

Fast immer war ein Musikinstrument sehr offen oder ganz versteckt in die gemalten Landschaften versteckt.

Auch großformatige, gerahmte Fotos aus vergangener, alter Zeit, wo man sie inmitten des Orchesters oder als Solistin im Konzertsaal auf der Bühne sitzen und spielen sah, bereicherten die Wände.

Ihre riesengroße, goldene Konzertharfe und ein ebenholzfarbiger Steinway Flügel füllten einen Großteil der Diele in dem alten Fachwerkhaus fast aus.

Alles passte irgendwie zusammen und jedes Einrichtungsstück konnte eine besondere Geschichte aus einem langen, erfüllten Leben erzählen.

Nun trug es sich zu, dass sie eines Tages Gelegenheit bekommen sollte, ihr musikalisches Talent wieder einmal unter Beweis zu stellen, als ich nach einer professionellen, musikalischen Begleitung für unsere nächste Kunstausstellung suchte und sie in ihr fand. Der Abend kam.

Ihr Auftritt an der schweren Konzertharfe war einfach grandios und stellte den ausstellenden Künstler fast in den Schatten.

Mit einer virtuosen Leichtigkeit tanzten ihre sehnigen Finger über die sirrenden Saiten des imposanten Instruments und begeisterten nicht nur die meist älteren Besucher, sondern auch die Pressevertreter, die der Veranstaltung beiwohnten.

Was war die alte Dame stolz, noch einmal in ihrem hohen Alter so wertgeschätzt zu werden.

Ich gönnte es ihr von ganzem Herzen.

Wäre noch zu erwähnen, dass dies ihr letzter öffentlicher Auftritt gewesen war. Zwei Jahre später verstarb sie.

Man fand sie während eines prachtvollen Sonnenuntergangs vornüber geneigt in einem langen, schwarzen Abendkleid vor ihrem Flügel auf dem Pianohocker sitzend, ein entspanntes Lächeln auf dem fahl gewordenen Antlitz.

Nun aber zurück zum Anfang und zum eigentlichen Kern meiner kleinen Geschichte. Alles hat sich tatsächlich so zugetragen, wie ich es beschreibe und nur das entspricht gelegentlich meiner Phantasie, was hier in schwarzer Schrift zu lesen ist.

Es war Sommer. Nicht zu warm und nicht zu kalt und wir bekamen per Post eine handgeschriebene Einladungskarte in feinster, steiler Sütterlinschrift.

Eine herzliche Einladung zu einer Soiree am nächsten Sonntagabend in ihrem Garten, dem Garten der großen, alten Dame.

Es gäbe da auch Musik und süße Häppchen.

Wir beide, meine Ehefrau und ich sagten spontan zu und begaben uns an dem bewussten Sonntag, dem Anlass entsprechend gekleidet ins Nachbardorf, wo die alte Dame residierte.

Lange mussten wir nach unserer Gastgeberin suchen, bevor wir sie mit einigen anderen Gästen im weiten Bauerngarten hinter dem Haus in einer schmucken Gartenlaube in einem Ohrensessel thronend fanden. Der lange eiserne Tisch war festlich gedeckt. Wir wurden den anderen Gästen vorgestellt und nahmen Platz. Wenige Minuten später erschienen zwei Männer mittleren Alters, vernehmlich in ihren schwarzen Fräcken schnaufend und mit abgestoßenen Instrumentenkoffern in der Hand auf der Bildfläche. Groß war die Wiedersehensfreude der alten Dame, als sie die Herren erblickte. Die Männer erklärten sich uns. Der eine, ein korpulenter Mann mit einer roten Nase und einer altmodischen runden, randlosen Brille, die ständig verrutschte, war Wladimir, der Oboist.

Der andere, vielleicht etwas Ältere ein schmächtiger Leptosom mit einem weißen Strohhut und einem nervösen Zucken in den Mundwinkeln war Pjotr, der Violinist.

Beide waren Weißrussen und die Konversation gestaltete sich wegen der mangelnden Kenntnisse in der deutschen Sprache etwas schwierig. Ihre Sprache war die Musik.

Sie waren auf Deutschlandtournee und kamen geradewegs von einem Konzert in der Kasseler Stadthalle, um ihre geschätzte ehemalige Mitspielerin zu besuchen. Über 30 Jahre saßen sie als Ensemblemitglieder Seit an Seit und waren gut befreundet.

Dann holten die beiden ihre Instrumente aus den Koffern und los ging's. Alle umher Sitzenden waren ergriffen von den professionell erzeugten Klängen der Instrumente. Alte Weisen, New-Orleans-Jazz, Schlager aus den 30ern und Operettenmelodien wechselten sich ab. Mitunter stimmte unsere Gastgeberin mit ihrer altersklaren Sopranstimme mit ein.

Ein wahrer Ohrenschmaus!

Unsere illustre Gesellschaft bestand aus Landwirten, Handwerkern, Geschäftsleuten, Sänger und Sängerinnen aus dem örtlichen Kirchenchor, deren Leiterin sie war und Rentnern, so wie wir und den beiden Musikern.

Zwischendurch wurde französisches Konfekt, russische Aljonka-Schokolade und Pastila, eine Art getrocknetes Fruchtpüree gereicht. Dazu in goldgeränderten Sammeltassen aus einem uralten, stark verzierten Samowar ein Getränk, das undefinierbar war. Die Dame sprach von Tee.

Der Färbung und dem Geruch nach schien es aber eher ein exotischer Trank zu sein. Auf vorsichtige Nachfrage erklärte uns unsere Gastgeberin, dieses dampfende Hausmittel wäre ihr tägliches Lieblingsgetränk und ein gesundheitsförderndes, wenn auch nicht ganz billiges Genussmittel.

Sie ermunterte uns mit einem Lachen und mit erhobener Tasse, es ihr nachzutun und auch ich nahm sehr zögerlich einen Probeschluck, was von ihr mit einem zustimmenden Lächeln beantwortet wurde. Ich sage: Ein echter Stresstest für den Gaumen. Für meinen!

Wie ich später von einem Nachbarn erfuhr, handelte es sich um einen sogenannten „Kakaoschalen-Tee."

Nie gehört davon, aber ich hielt weiter tapfer mit den übrigen (Er)Trinkenden mit. Man will ja nicht unhöflich sein.

Unerwartet und sehr geräuschvoll erscholl plötzlich ein kräftiges „Halleluja" vom Gartenweg zu uns herüber.

In Erscheinung trat ein Kuriosum, wie es garderobenmäßig unpassender in dieser Runde nicht sein konnte.

Der hochgewachsene Endfünfziger, hatte postgelbe Gummistiefel an, darüber kurze, rehbraune Cordhosen und ein nachtschwarzes Oberhemd, das vorne an der Bauchseite fast geglückt einen Ausgang aus der Hose suchte. Um den Hals, in den Kragen des Hemdes eingebunden sah man eine weiße, gestärkte Krempe, ein sogenannter Kollar hervor blitzen.

Unsere Harfenistin umarmte diesen seltsam gekleideten Gast herzlich, der erst so spät am Abend zu uns stieß.

Der ließ sich sogleich, nachdem er ungefragt ein Glas spanischen Rotwein in die Hand gedrückt bekam, schwer und mit einem gutturalen Geräusch auf den letzten, freien Gartenstuhl fallen. In der rechten Hand hielt er eine weiße Rose, die er nach einer angedeuteten Verbeugung der Gastgeberin aus einer schwieligen rechten Hand herüber reichte. Dann wurden wir aufgeklärt. Offenbar kannten alle anderen, außer den Weißrussen und wir den Mann. Erstaunen bei mir und meiner Ehefrau… Es war der katholische Pastor des Dorfes, der direkt im übernächsten Haus auf der anderen Straßenseite wohnte.

Er hätte gerade einen späten Gottesdienst abgehalten und käme geradewegs aus seinem kleinen Stall, wo er seine beiden weißen Ziegen für die Frühstücksmilch am nächsten Tag gemolken hatte. Sein Name war Johannes Thaddäus Te Jong.

Man hätte in ihm eher einen ländlichen Kleinstversorger aus der Milchviehhaltung halten können als den hiesigen Hochwürden, den Geistlichen.

Alsbald aber hatte Hochwürden alle Lacher auf seiner Seite, waren doch seine sehr erheiternden, eher weltlichen Erzählungen und Erlebnisse und sein Gestikulieren primär dazu angetan, den Inhalt unserer Rotweingläser nicht zur Neige gehen zu lassen.

Ein wirklich toller und belesener, sympathischer und weltoffener Mann, dem man gerne zuhört.

Als dann noch zu sehr später Stunde einer der Russen zwei Flaschen Krimsekt hervor zauberte und der andere unter musikalischer Begleitung einen kaukasischen Sitztanz aufführte, gab es keine weiteren Höhepunkte mehr in dieser Nacht.

Das Geigenspiel wurde inzwischen nur noch als atonales Gekrächze von uns wahrgenommen. Alle Zungen wurden von Minute zu Minute schwerer und doch gelockerter.

Was ist der Mensch doch für ein seltsames Tier!

Der Pfarrer verriet uns aber kurz nach Mitternacht noch ein Geheimnis: Da er ein sehr schlechtes Namensgedächtnis habe, beuge er heute gleich vor, dass, wenn er einen von uns wiedersehen werde, sich bestimmt nicht an den Namen erinnern könne. Allgemein gehe er sowieso diesen Missgeschicken aus dem Weg, weil er den Betreffenden, dessen Namen er vergessen hat, einfach mit: „Guten Tag, Herr Doktor!" anspricht. Oder auch mit Frau Doktor, je nachdem. Das käme immer gut an und keiner merke ihm sein Unvermögen an, sich Namen zu behalten.

Sehr gut fahre er damit, lallte es zum Schluss aus ihm heraus, als wir ihn stützend über die Straße nach Hause geleiteten.

Ich dachte nur an die armen Ziegen am nächsten Morgen.

Halleluja!

Was war das bloß für ein seltsam wunderbarer Abend!

Tage später, beim Einkauf in einem Supermarkt kam mir ein Mann entgegen, der mich freundlich und erwartungsvoll anschaute. Ich kannte ihn, aber seinen Namen…

Da erinnerte ich mich an den Pfarrer, mit dem wir einen so schönen Abend verbracht hatten und an seinen Geheimtipp.

„Hallo, Herr Doktor", sprach ich ihn an und er zwinkerte mir zu und lüftete etwas seine quietschgelbe Mund-Nasenschutzmaske. „Ja, Doktor Müller, das wäre natürlich der Knaller", meinte er lachend und schon wusste ich seinen Familiennamen wieder. Auch ich habe leider kein ausgeprägtes oder wenigstens durchschnittliches Namensgedächtnis. Peinlich wäre mir, wenn ich meinen Gegenüber fragen müsste, wie er denn heiße, obwohl ich ihn kennen müsste. So habe ich dank des Tipps des Pfarrers eine gute Möglichkeit gefunden, mich aus der Affäre zu ziehen, ohne das Gesicht zu verlieren. So ging das eine ganze Weile sehr gut mit meinen Begegnungen und ich überspielte meine Unsicherheit gekonnt, als mir in der Innenstadt ein sehr alter, gebeugt humpelnder Herr begegnete, den ich irgendwoher kannte, aber wie gehabt, seinen Zunamen nicht mehr wusste. Freundlich grüße ich ihn mit: „Tag, Herr Doktor!"

In Erwartung eines Gegengrußes entgegnet der alte Herr schroff mit hochgezogenen, struppigen Brauen: „Bitte, wenn schon, der Herr, dann mich bitte korrekt mit Herr Professor ansprechen, wenn es recht ist!" Rrrummms!

Da kam plötzlich meine Erinnerung wieder. Zu spät!

Das war ja der ehemalige Chefarzt unserer hiesigen Kreisklinik gewesen, in der meine Frau einst über 20 Jahre ihren Dienst getan hat und der mich, wenn er sich erinnern kann, auch schon mal von innen gesehen hat. Beziehungsweise von hinten.

Er war mir somit körperlich gesehen weit voraus und kannte verborgene Winkel in mir, die ich niemals hätte einsehen können. Das ging aber heute gründlich schief.

Nach diesem unerquicklichen Fauxpas wollte ich in Zukunft vorsichtiger werden. Da konnte nur ein starker Kaffee helfen und ich steuerte auf ein ebensolches zu, setzte mich und nahm die da ausliegende Tageszeitung in die Hand, um mich abzulenken. Mir fiel eine Traueranzeige ins Auge. Größer als alle anderen war sie und stach unter den Kleineren hervor. Erschüttert las ich alles zweimal durch. Als Trauernde waren alle möglichen geistlichen Hochämter, Würdenträger und Titel genannt. Der Gedenkspruch befasste sich mit dem treuen Hirten, mit dem der Verstorbene in Verbindung mit seiner seelsorgerischen Tätigkeit gebracht wurde.

Das Wichtigste aber: „Wir trauern um unseren Bruder Pfarrer Dr. phil. Johannes Thaddäus Te Jong, Gehörlosenpfarrer für Ost -und Nordhessen, Ehrenprälat seiner Heiligkeit und Gemeindepfarrer". Beklommen riss ich die Traueranzeige aus der Ecke der Tageszeitung aus. War das ein Zeichen?

Diesen Pfarrer, der uns seinerzeit seinen akademischen Titel verschwiegen hatte und zwei weiße Milchziegen hielt mit dem wir einen solch tollen Abend erleben durften, werde ich nie vergessen können. Daraus resultiert letztendlich auch diese Kurzgeschichte. Im Spätherbst war ich in der Stadt auf der Suche nach einer warmen Flanellhose und einem Paar mit Lammfell gefütterten Hosenträgern. Man weiß ja nie!

Traurig sah die Einkaufsstraße inzwischen aus.

Die Auswirkungen der Pandemie hatte vielen Geschäftsleuten das Genick gebrochen und sogar Geschäftshäuser, die schon in der 4. Generation firmierten, mussten schließen, da die Einnahmen wegbrachen. Leerstand an allen Ecken.

An einigen leerstehenden Ladenfassaden hatten die Inhaber lange Papierbahnen hinter die Schaufensterscheiben gehängt. Andere gaben sich nicht einmal die Mühe der Abdeckung und mit der Zeit war dort auch die ehemals sauberste Schaufensterscheibe total erblindet und fast uneinsehbar.

Vor irgendeinem dieser aufgegebenen Läden blieb ich stehen, erregte doch ein Schatten hinter dem trüben Glas meine Aufmerksamkeit. Schemenhaft nahm ich die Bewegung eines Mannes wahr, der, wo einst schicke Bekleidung ausgestellt war, zwischen den jetzt unverhüllten Schaufensterpuppen stand. Wie gut, dass ich nicht schon wieder versucht wurde, meinen „Standartgruß" hinauszuposaunen, da uns die dicke Scheibe unhörbar trennte. Irgendwie kam mir der Mann aber bekannt vor. Nun gut, die Hand zum Gruß zu heben, sollte eine Leichtigkeit für mich sein und höflich wäre es doch auch. Und stumm! Zeitgleich erwiderte er meinen Gruß mit derselben Handbewegung und auch das Grinsen in seinem Gesicht erschien synchron mit meiner Visage zu sein.

Im Augenwinkel bemerkte ich, gerade als ich weitergehen wollte, dass der Herr einen schlohweißen Pferdeschwanz unter einem knallroten Basecap trug.

Darauf stand zu lesen: „Augen auf im Straßenverkehr"

Die hatte ich auch auf. Auch in knallrot!

Und dann dämmerte es mir langsam. Ich erschrak bis ins Mark.

Der weißhaarige Herr hinter dem Schaufenster mit dem kecken Pferdeschwanz war… ich … ich selber.

Ich habe mein Spiegelbild gegrüßt. Gibt's das?

Lässt mich nun auch schon meine Sehkraft im Stich oder ist es bereits der Beginn einer Demenz?

Nicht doch!

Hatte ich vielleicht heute Mittag zu lange in der Sonne gelegen oder lag es etwa an der unappetitlichen Graupensuppe, die mir meine Frau aufgetischt hatte?

Überaus nachdenklich geworden und mit vielen negativen Gedanken besetzt haste ich weiter, vergesse den eigentlichen Grund meines Einkaufsbummels und strebe meinem in einer Seitenstraße stehenden PKW zu, der mir wie ein blecherner Kokon Schutz vor weiteren Erlebnissen der dritten Art bieten soll.

Nur schnell weg von hier und von Leuten, die ich kennen könnte oder die mich kennen könnten und deren Namen ich nicht mehr weiß. Mir fällt geradezu situationsbezogen, aber völlig desillusioniert ein Kurztext eines Philosophen ein:

„Das Leben kommt wie ein Vulkan, wälzt sich talwärts, kühlt ab und erlischt!"

Ist es schon soweit? Und so schnell?

Abrupt werde ich in meinen Schritten abgebremst.

Auf der anderen Straßenseite winkt mir eine junge Frau freundlich zu: „Tach, Herr Doktor!"

Ich vergesse alle meine guten Manieren und mein bisheriges positives Grußverhalten und lasse eine konsternierte Frau grußlos zurück.

Das Leben steckt halt voller Überraschungen
die eigenen nicht mitgerechnet!

Ziel erreicht

Ein Mensch

betrachtet sich im Spiegel

entnimmt viel Feuchtcreme aus dem Tiegel

damit schön glatt und ebenmäßig

und frisch das Antlitz nicht so käsig

darüber noch ein wenig Rouge

die Brauen kriegen dunklen Tusch

die Nase will gepudert sein

und Lippenstift zum schönen Schein

‚nen fetten Strich zieren die Wimpern

mit Lidschatten lässt sich's trefflich klimpern

nun noch ein Sternchen auf die Stirne

gut sichtbar vor dem Schminkgehirne

damit die Männerwelt wird munter

geblendet von dem Stylingwunder

Der Mensch

es war ein fesches Weib

sich schminkt nicht nur zum Zeitvertreib

nicht ganz vergeblich war die Mühe

denn eines Tages in der Frühe

lag neben ihr im weichen Bette

in zuvor unberührter Stätte

ein Mensch dem sie war vorbestimmt

alsbald zum Eheweibe nimmt

So war der Zweck dem Mittel heilig

auch andersrum wird's gegenteilig.

Zipfelglück

Ein Mensch das könnte ICH fast sein
fühlt nächtens sich gar oft allein
denn nebenan auf gleicher Höhe
ein zweiter Mensch sich seitwärts drehe

sobald man an der Decke lupft
wird voll Protest zurück gezupft

so liegt die halbe Nacht man bloß
und lässt den Zipfel schwerlich los
den man sich hart der Frau erstritten
da nichts verhalf den Frieden kitten

wenn zugig dann die Glieder beben
hat man sich restlos stumm ergeben
träumt heiß von warmen Federdecken
und nicht von unbedeckten Ecken

die allesamt des morgens dann
trotz Frostnacht sind noch alle dran

so ist's nun mal wenn man zu zweit
zum Teilen ungern ist bereit
dafür ist meist am Tag mehr Muße
Mann rechnet mit des Weibes Buße

denkt kaum noch an die Nacht zurück
und an sein falsches „Zipfelglück."

130

Schlusswort

Ein Mensch, und ist er gar nicht dumm
plagt selten sich mit Worten rum.
So weiß zum Beispiel er beim Dehnen
das Wort mit viel Bedacht zu nehmen.

Beim Vollvokal ist's ebenso
sein Mund wird rund beim Ausruf „oh."
Doch schneller wird die Lipp' und spitzer
spricht er vom Füllerhülsenschützer.

Hat er gar Zahngold im Gesicht
das Doppel-E er breiter spricht.
So denkt er nach ganz nach Belieben
was so in seinem Sinn geblieben.

Jedoch beim Reimen allerorten
sucht er verkrampft nach schönen Worten.
Die sich auch gleichen wie dieselben
und niemals sich zum Unwort wölben.

Ein Mensch, und ist er gar nicht dumm
plagt selten sich mit Worten rum.
Ich jedoch plage mich seit Stunden
und gebe zu ganz unumwunden…

Das Reimen bracht' mir heut' Verdruss
drum …
da wo's anfing ist jetzt Schluss.

Inhaltsverzeichnis

11   Anna
19   Das Frühstück im Garten
20   Armer Schlucker
21   Das Geschenk
25   Der verflixte Abendsonnenstrahl
35   Der eitle Maler
36   Der erfolgte Misserfolg
38   Der Hypochonder
41   Der entscheidende Griff
53   Der Nachthemdenkauf
55   Der Nierenstein
56   Der Prahlhans
59   Die Frau vor mir
65   Der Ruhepol
66   Der Speck muss weg
68   Die guten Vorsätze
71   Eemeli und Milla
80   Die neue Hüfte
82   Die Veränderung
84   Dollbohrer
86   Erstens kommt es anders…
95   Dumm gelaufen
96   Falscher Rückzieher
97   Kreislauf
99   Prinzessin Daisy
109 Reingetreten
111 Viel Fleiß-kein Preiss
112 Verkehrte Welt
115 Tach, Herr Doktor
127 Ziel erreicht
129 Zipfelglück
131 Schlusswort

Bisher erschienene Bücher des Autors

1 **Die Maus kann nicht fliegen**
(Alltagslyrik) 1986

2 **Nie genug**
(Gebrauchslyrik) 1988

3 **Hörst du meine Hände – Band 1**
(Berufs -und sozialkritische Gedichte) 1991

4 **Hörst du meine Hände – Band 2**
(erweiterte Auflage) 1995

5 **Wir lassen den Stau hinter uns – Band 1**
(Abenteuerreise) 2013   traveldiary.de   ISBN 978-3-944365-20-6

6 **Wir hatten keine Zeit uns zu beeilen – Band 2**
(Abenteuerreise) 2014   traveldiary.de   ISBN 978-3-944365-27-5

(Bücher 1 – 4 vergriffen)